ANKOMMEN!

So lernen Menschen aus aller Welt richtig Deutsch!

BAND 1: Lehrbuch A1/A2
Deutsch als Fremdsprache
von Elke Günzel

ANKOMMEN
Band 1: Lehrbuch A1/A2
Deutsch als Fremdsprache
von Elke Günzel

Band 1 von 3 Bänden.
Als Begleitmaterial ist jeweils erhältlich:
Übungsbuch, Grammatik, Wortschatz, Lehrbegleitbuch
und kostenlose Hördateien über einen Link (siehe Vorwort).

ISBN 9 - 789 403 - 623 412

Von der Autorin aktualisiert mit neuem Titel,
neubearbeitet mit neuem eigenen Layout.

Alle Fotos, die nicht extra im Bildquellenverzeichnis hinten
ausgewiesen werden, sind von Rainer Otte.

Umschlaggestaltung: Arthur Otte

Vorwort

Das Lehrwerk eignet sich für Sprachkurse im In- und Ausland. Es orientiert sich an dem aktuellen Rahmencurriculum für Integrationskurse des Bundesamts für Migration und Flüchtlinge in Zusammenarbeit mit dem Goethe-Institut. Mit dem Abschluss des ersten Bandes kann der Deutsch-Test für Zuwanderer mindestens auf A2-Niveau bereits erreicht werden. Sowohl Text- also auch Übungsmaterial berücksichtigt eine gewissen Lerner-Heterogenität der Sprachkurse, so dass jeder in seinem individuellen Tempo fortschreiten kann.

Ankommen! ist aber kein Deutschlehrwerk wie jedes andere! Es möchte nicht nur die deutsche Sprache umfangreich und vollständig vermitteln, sondern auch die gesellschaftliche Eingliederung in Deutschland erleichtern.

Mit dem umfangreichen neuen Audioteil eignet es sich ebenso für das Selbststudium!
(Die Links zu den Audiodateien gibt es am Ende des Vorworts.)

Das Lehrbuch

Kapitel für Kapitel werden die Lernenden auf ihren Weg in die bundesrepublikanische Wirklichkeit begleitet. Das beginnt ganz einfach mit Alltagsritualen wie Einkaufen, Post, Telefon und Bankgeschäften bis hin zu größeren Anschaffungen wie dem eines Autos und dem Abschließen von Versicherungen. Es hilft, in Deutschland ein Zuhause zu finden, gibt Orientierung in der Stadt, im Verkehr und unterstützt bei der Suche nach Arbeit.

So spiegelt der erste Band die reale Situation der Menschen wieder, die neu in Deutschland ankommen. Drei Familien begleiten beim Lernen und Orientieren: Familie Hoffmann aus Baschkirien, Familie Jonosa aus Burkina Faso und Familie Moreno aus Spanien wollen in Deutschland heimisch werden.

Die klassische Schwarz-Weiß-Ästhetik des Buches unterstreicht das Dokumentarische des Lehrwerks. Es handelt sich um echte Migrantenfamilien aus Deutschland, die freundlicherweise bereit waren, ein kleines Stück ihres Lebens mit uns zu teilen. Familie Hoffmann, Familie Moreno und Familie Jonosa möchte ich ganz herzlich dafür danken, dass sie sich dafür zur Verfügung gestellt haben.

Alle Texte des Lehrbuchs und alle Aufgaben und Sprechübungen haben eine **Audiodatei.** Die Lesetexte sind in langsamem Tempo vorgelesen. Bei den Aufgaben gibt es Tonsignale zum Antworten und nachfolgend wird eine Lösung aufgesprochen, so dass diese auch interaktiv zum Üben benutzt werden können. Orientierung geben die Grafiken.

Der Wortschatz

Während die Grammatik langsam fortschreitet und jeweils um intensive Übung und Vollständigkeit bemüht ist, wird von Anfang an ein großer Wortschatz aufgebaut, der in kurzer Zeit zum passiven Verstehen komplexer sprachlicher Zusammenhänge führt. Neu eingeführte Wörter werden im Ergänzungsband „Wortschatz" einsprachig erklärt und zum Teil bebildert. In den Audiodateien findet man sowohl die Wörter. als auch die Erklärungen in langsamem Deutsch aufgesprochen.
Einmalig ist die farbige Markierung und Einteilung dieses Wortschatzes. Die Verben (rot) werden in ihrer Trennbarkeit oder in ihrem unregelmäßigen Formenwechsel hervorgehoben (starke Verben). Die Nomen (gelb) sind für Deutschlernende oftmals ein unlösbares Problem, da das Geschlecht nicht klar ist. Auch hier hilft die farbige Hervorhebung: weibliche Nomen sind rosa, männliche hellblau und sächliche grau dargestellt. Artikel sollte man einfach immer gleich mitlernen.

Die Grammatik

Auch der Ergänzungsband „Grammatik" ist von außergewöhnlicher Vollständigkeit und Klarheit. Eine Grundeinteilung grammatischer Phänomene wird vorgenommen. Diese strukturiert die deutsche Sprache für Lernende.

- rot ist alles, was mit Verben zu tun hat. Im ersten Band kann man so vollständig alle starken Verben, sowie die Modalverben des Deutschen im Präsens lernen. Mit derselben Vollständigkeit erwartet die Lernenden im zweiten Band das Perfekt und im dritten das Präteritum, wobei die Verben nach den jeweiligen Vokalen getrennt werden (Wechsel von e nach ie/i oder a nach ä im Präsens zum Beispiel).
- Alles, was mit der Deklination des Nomens zusammenhängt, wird in der Grammatik gelb markiert, also auch die damit verbundene Deklination der Pronomen und die Kasusfolge bei den Präpositionen. Auch der Kasus hat eine festgelegte Farbe: gelb der Nominativ, dunkelgrün der Akkusativ, blau der Dativ und orange der Genitiv.
- Hellgrün signalisiert hingegen den Satzbau. Im ersten Band beschränkt sich dieser im Wesentlichen auf Hauptsätze und ihre Verneinung. Im zweiten Band wird den Nebensätzen große Aufmerksamkeit geschenkt.

Während also Lehr- und Übungsbuch in klassischem „Kaffee und Milch", also Schwarzweiß, gehalten sind, erleichtert die Farbe das Lernen von Wortschatz und Grammatik.

Das Übungsbuch

Allein für Band 1 gibt es schon ein 260 Seiten starkes Übungsbuch. Sowohl Sprechtraining wie auch Schreibtraining wird darin auf methodisch vielfältige und abwechslungsreiche Weise geboten. Zu allen Übungen gibt es übersichtlich gestaltete Lösungen zum Ende eines jeden Kapitels. Das ermöglicht auch das Lernen auf eigene Faust, unabhängig von einem Sprachkurs. Es lässt jeden in seinem eigenen Lerntempo fortschreiten. Das Audiomaterial bietet die Möglichkeit, die Übungen auch mündlich zu üben. Nach einer Pause und einem Tonsignal werden auch die Lösungen angesagt.

Das Lehrerbegleitbuch

Für die Lehrerin oder den Lehrer gibt es ein Lehrerbegleitbuch. Darin finden sich übersichtlich gestaltete Tagespläne für einen Sprachkurs, der aus drei 90-Minuten Unterrichtsstunden pro Tag besteht. Zusätzlich aber gibt es Audiomaterial und Übungen zum Hörverstehen und phonetische Sprechübungen, die das Üben von im Deutschen schwierigen Vokalen und Konsonanten einübt wie auch das Hören verwandter Vokale oder Konsonanten trainiert. Am Ende jedes Kapitels gibt es einen Wiederholungstest, der sich nach und nach in seiner Gestaltung dem Deutsch-Test-für-Zuwanderer anpasst.

Das Audiomaterial

Kostenlose Audiodateien gibt es unter:

ankommen.elkeguenzel.de/dl

Inhaltsübersicht des Lehrwerks

Übungsbuch

Wortschatz

Abschnitt 1
1-4 Übungen zum Sich-
Vorstellen
5 Singular und Pluralübung
6 Nomen-Memory-Spiel

Abschnitt 2
7 Das Alphabet
in Schreibschrift üben

Abschnitt 3
8 Zahlen in Buchstaben
9 Telefongespräch ergänzen
10 Wichtige Telefonnummern
11 Zur Orthographie und Phonetik

Lösungen

Im Wortschatz des jeweiligen Abschnitts werden die Wörter zu den Lesetexten und Aufgaben aus dem Lehrbuch erläutert und/ oder an Beispielen erklärt.

Abschnitt 1
1-2 Übungen zum Artikel
der Nomen

Abschnitt 2
3-12 Übungen zum Verb im Präsens
3 Sprechübungen mit dem
Konjugationswürfel
4-12 Ergänzen kleiner Geschichten

Abschnitt 3
13 Hauptsätze mit richtigem
Satzbau bilden. (Satzbaukasten)
14. Sätze verneinen.

Abschnitt 4
15-17 Übungen zum Akkusativ

Abschnitt 5
18 Überweisung ausfüllen
19 Zahlen über 100 schreiben.

Lösungen

Lehrbuch
Grammatik

Kapitel 3
Mobilität

Abschnitt 1
Am Wochenende
Sonntags im Garten

Abschnitt 1
Verb im Präsens
1. Verben auf -eln und -ern
2. Alle starken Verben im Präsens
von e ⇨ei oder e ⇨ie / von a ⇨ä

Wortliste: Alle Verben, die im Präsens eine unregelmäßige Form haben / starke Verben.

Abschnitt 2
Ein Auto kaufen

Abschnitt 2
Nomen im Plural (nach Gruppen)
Wortliste: Alle bisher gelernten Nomen aus Kapitel 1-3 nach Pluralgruppe geordnet zur Wiederholung.

Abschnitt 3
Termine
Wie viel Uhr ist es?
Familie Hoffmann ohne Mutter.

Abschnitt 3
Das Verb im Imperativ
(Gebrauch, Formen: stark und schwach)
Konjugation „wissen" im Präsens

Abschnitt 4
Versicherungen
Beratung in der Verbraucherzentrale

Abschnitt 4
Das Nomen im Genitiv
Gebrauch und Formen

Kapitel 4
Wohnung

Abschnitt 1
Eine Wohnung suchen
Wo wohnen die Deutschen?
Familie Jonosa sucht eine Wohnung / Wohnungsanzeigen lesen und verstehen / Telefonieren mit dem Vermieter / Im Internet nach Wohnungsbörsen suchen und dort selbst eine Anzeige aufgeben

Abschnitt 1
Modalverben
Formen / Bedeutung / Satzbau

Übungsbuch

Abschnitt 1
Übungen mit dem
Konjugationswürfel:
1-3 Sprechübungen ergänzen:
4-7 Verben konjugiert in kleinen
Geschichten ergänzen

Abschnitt 2
7 -13 Übungen zum Plural
und zum Artikel (der, die, das)
aller Nomen aus Kapitel 1-3.

Abschnitt 3
14-17 Imperative Formen üben
18-24 Imperative in kleinen
Geschichten ergänzen
23. Wissen oder kennen?
24. Die Uhrzeit lesen

Abschnitt 4
25/26 Formen des Genitivs üben
27-29 Genitive im Kontext üben
30 Aus zwei Sätzen einen Satz
mit Genitiv machen

Lösungen

Wortschatz

Abschnitt 1
1-14 Übungen zu den Modalverben:
Satzbau und Bedeutung der Modalverben im Kontext üben.

Kapitel 5
Arbeit

Zusatzmaterial Hören
Kapitel 1-5

Übungsbuch

Wortschatz

Orientierung geben die Grafiken:

Hören

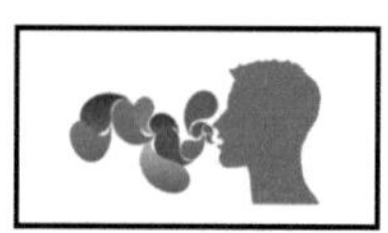
Sprechübung

Dialog

Sich befragen

Lesetext

Textverstehen

Freies Gespräch

Rollenspiel

Spielen

Ausstellen

Präsentieren

Schreiben

Teamarbeit

Internet

Kapitel 1
Kennenlernen

Abschnitt 1
Im Sprachkurs
Auf der Straße

Abschnitt 2
Das Alphabet

Abschnitt 3
Post und Telefon

Abschnitt 4
Die Landkarte

Hören 1

Lesetext

Im Sprachkurs

Die Lehrerin stellt sich vor:

Guten Tag.

Mein Name ist Jana Müller.

Ich bin Deutschlehrerin.

Ich bin verheiratet und habe zwei Kinder.

Meine Tochter Lena ist fünf Jahre alt.

Mein Sohn Max ist siebzehn Jahre alt.

Mein Mann ist Ingenieur.

Und wer sind Sie?

Bitte stellen Sie sich vor.

Hier ist Platz für ein Foto.
Kleben Sie ein eigenes
Foto ein.

Frau / Herr
______________ ist
neu in Deutschland.

Sie /Er macht einen
Sprachkurs.

Heute ist Montag.

Sie/Er geht in den
Sprachkurs.

Alles ist neu.

Frau /Herr ____________:

Mein Name ist __________________

Ich komme aus _______________ .

Ich bin mit ________________ hier.

Das ist mein Sohn / meine Tochter

__________ .

Er /Sie ist _________ Jahre alt.

Er/Sie geht zur Schule.

Hier ist Platz für ein Foto. Kleben Sie ein Foto von Ihrem Kind/ von Ihren Kindern ein.

Das ist meine Tochter /

mein Sohn ________.

Er/ Sie ist _________

Jahre alt. Sie/Er geht in den Kindergarten.

Frau Müller:

Was sind Sie von Beruf?

Frau/Herr ______________:

Ich bin __________________ von Beruf.

Frau Müller:

Wie heißen Sie?
Woher kommen Sie?

Herr Jonosa:

Ich heiße Aliba Jonosa.
Ich komme aus Afrika, aus Burkina Faso.

Das ist meine Frau Maria.
Ich habe drei Töchter.

Frau Müller:

Wie alt sind die Kinder?

Herr Jonosa:

Bimata ist sechs Jahre alt,
Fate ist drei Jahre alt und
Abi ist ein Jahr alt.

Frau Müller:

Gehen Bimata und Fate in den Kindergarten?

Herr Jonosa:

Ja, sie gehen in den Kindergarten.
Abi ist bei der Tagesmutter.

Frau Müller:

Herr Jonosa, was sind Sie von Beruf?

Herr Jonosa:

Ich bin Arzt von Beruf.

Frau Müller fragt Familie Moreno:
Wie heißen Sie und woher kommen Sie?

Herr Moreno
Wir heißen Moreno und wir kommen aus Spanien.

Frau Müller:
Wie ist Ihr Vorname, Herr Moreno?

Herr Moreno:
Mein Vorname ist Antonio.

Frau Müller:
Was sind Sie von Beruf?

Herr Moreno:
Ich bin Klempner.

Frau Müller
Wie ist Ihr Vorname, Frau Moreno.

Frau Moreno:
Mein Vorname ist Carmen.

Frau Müller
Und was sind Sie von Beruf?

Frau Moreno:
Ich bin Schneiderin.

Frau Müller:
Haben Sie auch Kinder?

Frau Moreno:
Ja, wir haben zwei Töchter.
Sie sind drei und fünf Jahre alt.

Frau Müller:
Wie heißen Ihre Töchter?

Frau Moreno:
Sie heißen Isabell und Laura.

Frau Hoffmann:
Mein Name ist Elsa Hoffmann.
Ich bin mit der Familie hier.
Das ist mein Mann, Nikolai Hoffmann.
Ich habe fünf Kinder.
Svetlana ist fünfzehn,
Friedrich ist dreizehn,
Nelly ist neun Jahre alt.
Sie gehen zur Schule.
Artur ist erst fünf Jahre alt.
Er geht noch in den Kindergarten.
Julia ist drei Jahre alt.
Sie ist jetzt bei der Tagesmutter.
Jeden Morgen bringen wir Julia zur Tagesmutter.

Frau Müller:
Was sind Sie von Beruf?

Frau Hoffmann:
Ich bin Buchhalterin von Beruf.
Mein Mann ist Traktorist.

Frau Müller:
Sie sprechen aber schon sehr gut Deutsch.
Verstehen Sie auch ein bisschen Deutsch, Herr Hoffmann?

Herr Hoffmann:
In Baschkirien sprechen wir im Dorf Deutsch,
aber das ist altes Deutsch.

Frau Müller:
Aha, sie kommen aus Russland.
Sind Sie Spätaussiedler?

Herr Hoffmann:
Ja, wir sind Spätaussiedler oder Russland-Deutsche.

Wer sind Sie?

Aufgabe 1

Hören 2

Spielanleitung

Die Teilnehmer und Teilnehmerinnen werfen sich gegenseitig einen Ball zu und fragen denjenigen, der den Ball gefangen hat. Wer geantwortet hat, wirft den Ball weiter, so lange bis alle einmal gefragt haben.

Dialog spielen

1 Wie heißen Sie? — Ich heiße ....

2 Wie ist Ihr Vorname? — Mein Vorname ist ....

3 Woher kommen Sie? — Ich komme aus ....

4 Sind Sie verheiratet?

Ja, ich bin	verheiratet.
Nein, ich bin	ledig, geschieden. verwitwet.

5 Haben Sie Kinder?

Nein, Ja,	ich habe keine Kinder., ich habe ein Kind. ich habe ,... Kinder

6 Wie alt ist das Kind?
sind die Kinder?

....	ist .... Jahre alt. sind

7 Was sind Sie von Beruf? — Ich bin ....

8 Wo wohnen Sie jetzt? — Ich wohne in ....

in der .... Straße, Nummer ....

Andere vorstellen

Aufgabe 2

Interview

Die Hälfte des Kurses soll auf einen kleinen Zettel den eigenen Namen schreiben und den Zettel dann zusammenknicken. Die Zettel werden in einem Hut gesammelt. Der Hut wird bei der anderen Hälfte des Kurses herumgegeben und jeder zieht einen Zettel heraus.

Alle haben nun einen Partner.
Nun befragen sich die Partner gegenseitig.

1. Wie heißen Sie?
2. Wie ist Ihr Vorname?
3. Woher kommen Sie?
4. Sind Sie verheiratet?
5. Haben Sie Kinder?
6. Wie alt sind die Kinder?
7. Wo wohnen Sie jetzt?
8. Was sind Sie von Beruf?
9. Was sind Ihre Hobbys?
10. Was ist Ihr Lieblingsbuch?
11. Was ist Ihre Lieblingsmusik?
12. Was ist Ihr Lieblingsessen?

Vielen Dank für das Interview!

... und wenn Ihnen beim Antworten die Worte fehlen, dann schlagen Sie in Ihrem Wörterbuch nach...

Wer ist das?

Aufgabe 3

Präsentieren

Erzählen Sie jetzt dem Kurs, wer ihr Interview-Partner oder Ihre Interview-Partnerin ist:

1. Das ist	Herr .... Frau ....
2. Sein Ihr	Vorname ist ....
3. Er Sie	kommt aus ....
4. Er Sie	ist ....
5. Er Sie	hat ....
6. .... ist .... Jahre alt.	
7. Er Sie	wohnt jetzt in ....
8. Er Sie	ist ....
9. Sein Ihr	Hobby ist ....
10. Sein Ihr	Lieblingsbuch ist ....
11.	....

Sich vorstellen

Aufgabe 4

Erstellen Sie nun ein hübsches Portrait von sich. Fotografieren Sie sich gegenseitig und kleben Sie Ihr Foto auf. Die fertigen Portraits hängen Sie die Photos an die Wände.

Hier ein Beispiel:

Ausstellung

Ich heiße Sever.

Mein Vorname ist Maide.

Ich komme aus Afghanistan.

Ich bin Krankenschwester.

Ich habe vier Kinder. Sie sind fünf, acht, zehn und vierzehn Jahre alt.

Ich wohne jetzt in Göttingen.

Mein Hobby ist Kuchenbacken.

Meine Lieblingsbücher sind Kochbücher.

Meine Lieblingsmusik ist Musik zum Tanzen und Feiern.

Meine Lieblingsessen sind afghanische Spezialitäten.

Hören 3

Lesetext

Auf der Straße

Es ist Nachmittag.
Frau Jonosa holt ihre Töchter
Bimata und Fate vom Kindergarten.
Sie sieht Frau Moreno auf der Straße.

Frau Jonosa:
Hallo, Frau Moreno. Wie geht's?
Frau Moreno:
Danke gut, und wie geht es Ihnen?
Frau Jonosa:
Auch gut, danke.
Das sind meine Töchter Bimata und Fate.
Frau Moreno:
Hallo! Wie geht es euch?
Kommt ihr aus dem Kindergarten?
Fate:
Ja.
Frau Moreno:
Sprecht ihr im Kindergarten Deutsch?
Bimata:
Ja, wir sprechen Deutsch.

Bimata:
Mama, ich habe Hunger.
Bekomme ich eine Pizza?
Frau Jonosa:
Das ist zu teuer.
Jeden Tag eine Pizza!
Ich mache zu Hause eine Suppe.
Frau Moreno:
Ja, das Leben in Deutschland ist teuer.
Frau Jonosa:
Stimmt.
Die Kinder verstehen das noch nicht.
Sie sehen so viel.
Frau Moreno:
Bimata und Fate, ihr bekommt ein Eis.
Bimata und Fate:
Au ja! Vielen Dank!
Frau Moreno;
Bitte, bitte! Gern geschehen!
Einen schönen Tag noch, Frau Jonosa!
Frau Jonosa:
Danke, ebenfalls!

Verstehen Sie das Gespräch?

Hören 4

Textverstehen

1. Was fragt Frau Jonosa?	Sie fragt: Wie ....
2. Geht es Frau Moreno gut?	......, es geht Frau Moreno ....
3. Wie geht es Frau Jonosa?	Es g........... Frau Jonosa ....
4. Wie heißen ihre Töchter?	Sie h..
5. Woher kommen die Kinder?	Sie k............. aus dem K................
6. Sprechen die Kinder im Kindergarten Englisch?	Nein, sie sprechen ....
7. Hat Bimata Hunger?	......, sie h..
8. Bekommt Bimata eine Pizza?	......, sie b..
9. Wer macht den Kindern zu Hause eine Suppe?	....
10. Wer bringt den Kindern ein Eis?	....
11. Was wünscht Frau Moreno?	Sie w............. einen schönen ....
12. Wünscht Frau Jonosa Frau Moreno auch einen schönen Tag?	....

Hören 5

Lesetext

Das Alphabet

A
Andrea und Andreas
Alexandra und Alexander
Anke und Antje

B
Berta und Berthold
Bruno und Benjamin
Brigitte und Bärbel

C
Christian und Christiane
Claudia und Carmen
Charlie und Charlotte

D
Doris und Dieter
Daniel und Daniela
Dietmar und Dagmar

E
Erich und Elmar
Esther und Emma
Esther und Elke

F
Fred und Fritz
Friedrich und Frieda
Ferdinand und Franziska

G
Günther und Gustav
Gudrun und Gisela
Gabi und Gabriele

H
Hans und Heinz
Hilda und Hilde
Hubert und Horst

I
Ida und Ilse
Inge und Ingrid
Irene und Ingo

J
Jan und Julius
Jutta und Justus
Jana und Janina

K
Katja und Karin
Kirsten und Karsten
Klaus und Kerstin

L
Ludwig und Lisbeth
Lotte und Lena
Lars und Lennard

M
Martin und Manfred
Maria und Martha
Max und Moritz

N
Nora und Nadja
Nina und Niko
Norbert und Natalie

O
Otto

P
Peter und Paul
Petra und Paula

Q	Quatsch	V	Viktor und Vinzenz Valentin und Valentina Veit und Veronika
R	Ralf und Richard Rainer und Rolf Rita und Renate	W	Wolfgang und Wolfram Werner und Wiebke
S	Sabine und Sebastian Sonja und Sandra Stefan und Stefanie	X	Xaver
T	Tanja und Torsten Thomas und Tina Tatjana und Theo	Y	Yvonne
U	Ulrich und Uwe Ursula und Ulrike	Z	Zacharias

Vokale		**a e i o u**	
Umlaute			
	ä	**Satz - Sätze**	**(offen)**
		Mädchen	**(geschlossen)**
	ö	**östlich**	**(offen)**
		Österreich	**(geschlossen)**
	ü	**Küche**	**(offen)**
		Süden	**(geschlossen)**
„ie" und „ei"			
	ie	**Liebe**	
	ei	**Leiden**	
au		**Maus und Haus**	
eu		**Leute und heute**	
äu		**Haus - Häuser**	
		Maus - Mäuse	

Konsonanten	**b c d f g j** **k l m n p q r s t v w x y z**	
sch	**schon und schön**	
ch	**acht, Tochter**	**(offen)**
	ich, echt	**(geschlossen)**
	Christian, Chaos	**(k Wortanfang)**
	Charlotte	**(sch Wortanfang)**
st	**stehen, stellen**	**(sch Wortanfang)**
sp	**Sprache, sprechen**	**(sch Wortanfg.)**
ß	**Straße**	**(s nach langem Vokal)**
tz	**sitzen**	**(sprich ts wie bei z)**

Rätselfrage-Spiel
Werfen Sie sich wieder den Ball zu und stellen Sie Fragen zu den Namen:

1. Welches Wort ist kein Name?
2. Welche Name auf A ist männlich? usw.
3. Welche Namen auf B weiblich? usw.
4. Wie viele Silben hat der Name .... ?
5. Ein Name auf J mit betonter 1. Silbe? usw.
6. Ein Name auf M mit betonter 2. Silbe? usw.
7. Buchstabieren Sie den Namen ....
8. Welche Namen auf F haben „ie"? usw.
9. Welche auf H haben „ei"? usw.
10. Welcher Name hat ein „ü"?
11. Welcher Namen hat ein „au"?

Hören 6

Hören 7

Lesetext

Auf der Post

Frau Hoffmann:
Entschuldigen Sie bitte.
Wie heißt die Postleitzahl von Aschersleben?
Die Postbeamtin:
Aschersleben in Mecklenburg-Vorpommern
oder in Sachsen-Anhalt?
Frau Hoffmann:
In Sachsen -Anhalt.
Die Postbeamtin:
Einen Moment.
Ich sehe schnell in den Computer.
Die Postleitzahl lautet: null, sechs, vier, vier, neun.
Frau Hoffmann:
Dankeschön.
Bitte zehn Briefmarken für Briefe im Inland.
Die Postbeamtin:
Bitteschön......
Beenden Sie selbst das Gespräch!

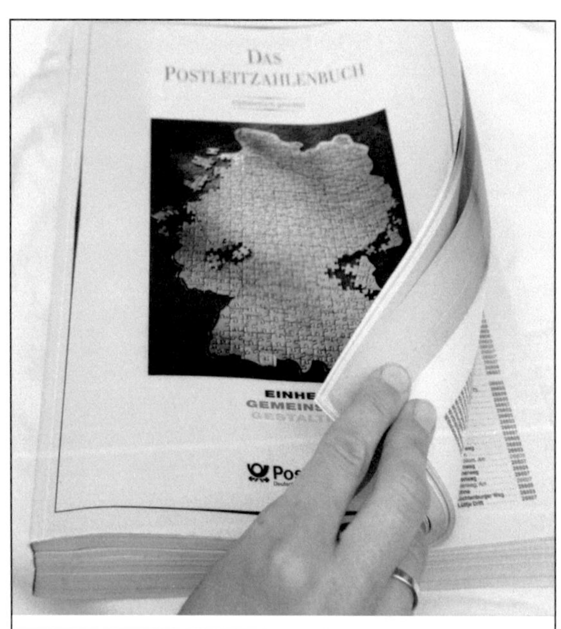

Postleitzahlen

Wo sind die Postleitzahlen?

Im Postleitzahlenbuch der deutschen Post.

Das Buch ist in jedem Postamt

oder im Internet unter:

www.dastelefonbuch.de

Hören 8

Die Zahlen von null bis neun

0	null	5	fünf
1	eins	6	sechs
2	zwei	7	sieben
3	drei	8	acht
4	vier	9	neun

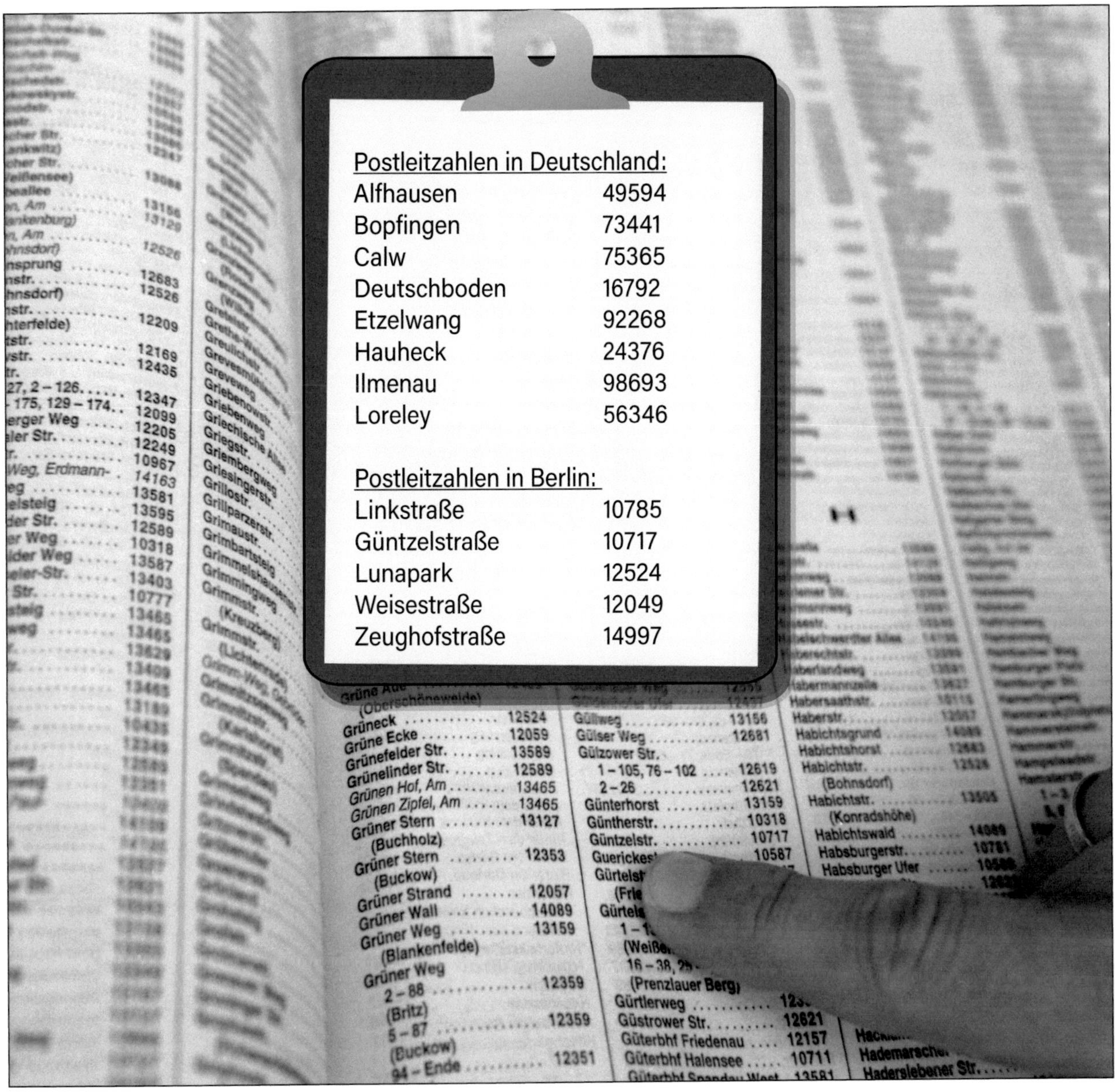

Postleitzahlen in Deutschland:

Alfhausen	49594
Bopfingen	73441
Calw	75365
Deutschboden	16792
Etzelwang	92268
Hauheck	24376
Ilmenau	98693
Loreley	56346

Postleitzahlen in Berlin:

Linkstraße	10785
Güntzelstraße	10717
Lunapark	12524
Weisestraße	12049
Zeughofstraße	14997

Zahlen lesen

Suchen Sie eine Stadt oder eine Straße in Berlin aus der Liste und fragen sie einander:

Quizfragen

Frage

Wie heißt die Postleitzahl von............ ?

Antwort

Die Postleitzahl von .... lautet...........

Die Auskunft

Wo ist die Telefonnummer von Frau Moreno?
Frau Jonosa ruft die Auskunft an: 11 8 33.

Durchsage:
Hier ist die telefonische Auskunft.
Wir sind im Augenblick alle beschäftigt.
Bitte haben Sie einen Moment Geduld.
Hier ist die telefonische Auskunft.
Wir sind im Augenblick alle ...

Eine Dame von der Auskunft:
Auskunft. Platz 7. Guten Tag.

Frau Jonosa:
Guten Tag. Wie lautet bitte die Telefonnummer von Frau Carmen Moreno in Osnabrück?

Die Dame:
Entschuldigen Sie. Wie ist der Name?

Frau Jonosa:
Familienname Moreno: M-o-r-e-n-o,
Vorname Carmen: C-a-r-m-e-n .

Die Dame:
Einen Moment.

Die Durchsage:
Die Nummer lautet:
sechsundvierzig - neunundachtzig - achtzehn.
Die Vorwahl ist: null - vier - eins.
Ich wiederhole. Die Nummer lautet:
sechsundvierzig - neunundachtzig - achtzehn.
Die Vorwahl ist: null - vier - eins.

Hören 10

Die Zahlen von 10 bis 90

10	zehn	21	einundzwanzig
11	elf	22	zweiundzwanzig
12	zwölf	23	dreiundzwanzig
13	dreizehn	24	vierundzwanzig...
14	vierzehn	30	dreißig
15	fünfzehn	40	vierzig
16	sechzehn	50	fünfzig
17	siebzehn	60	sechzig
18	achtzehn	70	siebzig
19	neunzehn	80	achtzig
20	zwanzig	90	neunzig

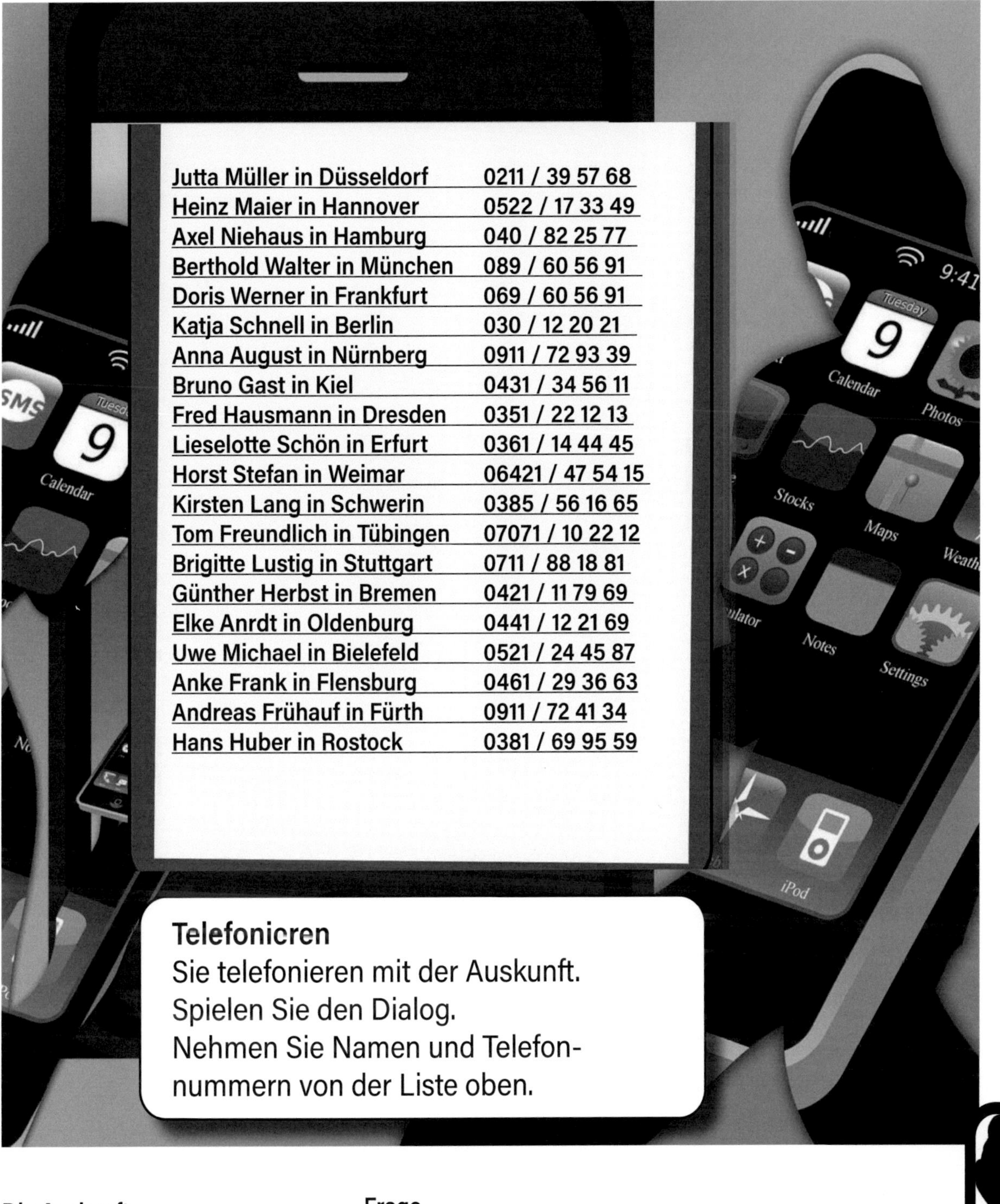

Jutta Müller in Düsseldorf	0211 / 39 57 68
Heinz Maier in Hannover	0522 / 17 33 49
Axel Niehaus in Hamburg	040 / 82 25 77
Berthold Walter in München	089 / 60 56 91
Doris Werner in Frankfurt	069 / 60 56 91
Katja Schnell in Berlin	030 / 12 20 21
Anna August in Nürnberg	0911 / 72 93 39
Bruno Gast in Kiel	0431 / 34 56 11
Fred Hausmann in Dresden	0351 / 22 12 13
Lieselotte Schön in Erfurt	0361 / 14 44 45
Horst Stefan in Weimar	06421 / 47 54 15
Kirsten Lang in Schwerin	0385 / 56 16 65
Tom Freundlich in Tübingen	07071 / 10 22 12
Brigitte Lustig in Stuttgart	0711 / 88 18 81
Günther Herbst in Bremen	0421 / 11 79 69
Elke Anrdt in Oldenburg	0441 / 12 21 69
Uwe Michael in Bielefeld	0521 / 24 45 87
Anke Frank in Flensburg	0461 / 29 36 63
Andreas Frühauf in Fürth	0911 / 72 41 34
Hans Huber in Rostock	0381 / 69 95 59

Telefonicren
Sie telefonieren mit der Auskunft.
Spielen Sie den Dialog.
Nehmen Sie Namen und Telefon-
nummern von der Liste oben.

Die Auskunft	**Frage**
Auskunft. Guten Tag	
	Guten Tag. Wie lautet bitte die Telefonnummer von | Herrn .... / Frau .... | aus ....
Wie bitte? Wie ist der Name? Bitte buchstabieren Sie.	
	....
Die Nummer lautet .... Die Vorwahl ist	
	Vielen Dank!

Landkarte deutschsprachiger Regionen

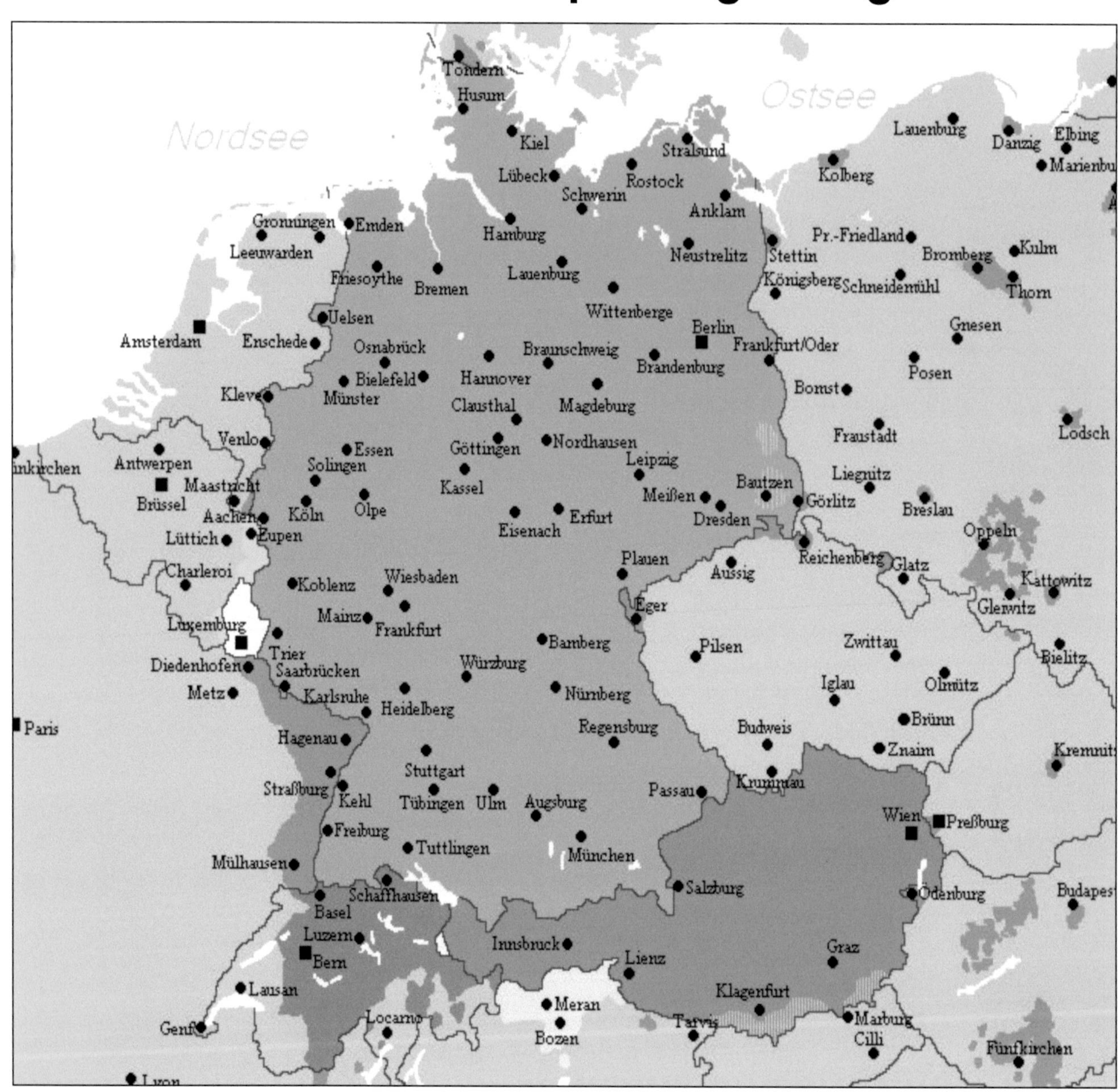

Quizfragen

Wie heißen die Bundesländer von ... ?

Wie heißt die Hauptstadt von .....?

Durch welche Städte fließt der Fluss .....

Wie heißt der Fluss, der durch die Stadt ..... fließt?

An welchem Meer liegt die Stadt .....?

Welche Städte liegen am Meer?

Welche Stadt liegt an der Grenze zu ......?

Welches Gebirge liegt an der Stadt ......?

Welcher See liegt an der Stadt ......?

Kapitel 2

Essen und Trinken

Abschnitt 1
Ein Fest

Abschnitt 2
Einkaufen

Abschnitt 3
Am Wochenende

Abschnitt 4
Im Restaurant

Auf dem Markt

1

Hören 11

Was gibt es auf dem Markt?

Freies Gespräch

2

3

4

5

6

Ein Fest

Hören 12

Lesetext

Herr Moreno hat Geburtstag. Abends gibt es ein großes Fest. Er lädt seine Freunde aus dem Sprachkurs und die Lehrerin ein. Aber er hat wenig Geld. So zahlt jeder im Sprachkurs 10 Euro. Dann schreiben sie zusammen einen Einkaufszettel.

Herr Moreno:
Was trinken wir?

Herr Hoffmann:
Wodka und eine Kiste Bier

Herr Moreno:
Ich trinke keinen Wodka und kein Bier.

Frau Jonosa:
Wodka ist zu teuer.
Und was trinken die Kinder?
Kochen wir doch einen Tee.

Frau Moreno:
Ja, das ist eine gute Idee.

Frau Müller:
Ich bringe noch ein paar Flaschen
Sekt und einen Orangensaft mit.

Frau Moreno:
Für die Kinder mache ich einen Kakao.

Herr Moreno:
Gut. Und was essen Sie gerne?

Frau Jonosa:
Salate, Gemüse, Brot.

Frau Hoffmann: Einverstanden.
Aber wir brauchen auch noch Fleisch.

Frau Moreno: Essen wir doch Wurst und Käse.

Frau Jonosa: Ja, machen wir belegte Brote mit Wurst, Käse, Salat und Gemüse.

Frau Moreno: Gut. Dann kaufen wir Wurst und Käse und ...

Frau Hoffmann schreibt einen Einkaufszettel:

Hören 13

Lesetext

3 Packungen Tee
1 Packung Kakao
3 Liter Milch
1 Blumenkohl
1 Kilo Kartoffeln
1 Bund Karotten
1 Dose Erbsen
1 Dose grüne Bohnen
1 Netz Zwiebeln
Knoblauch
1 rote, 1 grüne, 1 gelbe Paprika
1 Kilo Tomaten
2 Gurken
2 grüne Salatköpfe
Eier
Wurst- und Käseaufschnitt
Äpfel
Birnen
Pfirsiche
Aprikosen
1 Melone
Zitronen

Aus dem Obst machen wir einen Obstsalat.
Zucker, Salz und Pfeffer haben wir noch zu Hause.

Herr Moreno:
Haben wir noch Essig und Öl für die Salatsoße?

Frau Moreno:
Ja, aber wir brauchen noch Joghurt und ein bisschen Ketchup und Majonaise.

Frau Jonosa:
Ich bringe noch Brot mit. Ich backe es selbst.

Frau Moreno:
Das ist schön! Backen Sie Fladenbrot, Brötchen oder einen Laib?

Frau Jonosa:
Ich backe Fladenbrot.

Frau Hoffmann:
Und ich bringe Piroggen mit.

Her Moreno:
Was ist denn das?

Herr Hoffmann:
Das ist eine osteuropäische Spezialität: Gefüllte Teigtaschen in Öl gebraten.

Herr Moreno:
Mmmmh! Das klingt gut.

Hören 14

Textverstehen

Aufgabe 1

Die Frage	**Die Antwort**
1. Wer hat Geburtstag?	1. ....
2. Was macht Herr Moreno abends?	2. Er gibt ein ...
3. Wen lädt Herr Moreno ein?	3. Er lädt ... und die --- ein.
4. Was möchte Herr Hoffmann gerne trinken?	4. Er möchte ... und ... trinken.
5. Ist Frau Jonosa einverstanden?	5. Nein. Es ist zu ...
6. Was möchte Frau Jonosa trinken?	6. Sie möchte lieber einen ...
7. Was bringt Frau Moreno mit?	7. Sie bringt ... mit.
8. Was bekommen die Kinder zu trinken?	8. Sie bekommen ...
9. Was gibt es zu essen?	9. Es gibt ...
10. Was kauft Familie Müller zu trinken?	10. Sie kaufen ...
11. Was kaufen sie an Gemüse?	11. Sie kaufen ...
12. Was kaufen sie an Obst?	12. Sie kaufen...
13. Was haben sie schon zu Hause?	13. Sie haben schon ... zu Hause
14. Was kaufen sie für die Salatsoße?	14. Sie kaufen ...
15. Was kaufen sie für die belegten Brote?	15. Sie kaufen ...
16. Was bringt Frau Jonosa mit?	16. Sie bringt ... mit.
17. Was bringt Frau Hoffmann mit?	17. Sie bringt ... mit.

Maße und Gewichte

1 l = 1 Liter
1 cl = 1 Zentiliter
1ml = 1 Milliliter

1 kg = 1 Kilogramm
500 gr = 500 Gramm = 1 Pfund

Aufgabe 2

Was gibt es zu essen?

Beispiel:

Ich habe Geburtstag.
Ich mache am Abend
ein Fest und mache
einen Speiseplan.

Hören 15

Speiseplan:

Speisen:
Tomatensuppe
Pizza mit Salaten
Schokoladen-
pudding

Getränle:
Sekt
Rot- und Weißwein
Orangensaft
Mineralwasser

Teamarbeit

Schreiben Sie nun selbst

a.) einen Speiseplan
b.) einen Einkaufszettel.

Wählen Sie eine Situation aus:

1. Sie laden Freunde am Sonntag zum Frühstück ein.
2. Die Verwandten kommen am Nachmittag zu Besuch.
3. Freunde kommen am Samstagabend zu Besuch.
4. Ihr Kind hat Geburtstag. Sie feiern einen Kindergeburtstag.
5. Sie machen ein Festessen zu einem religiösen Fest.
6. Ihr Kind heiratet. Sie machen ein Hochzeitsessen.
7. Sie haben eine neue Wohnung und machen eine Wohnungseinweihung.
8. Sie haben ein normales Wochenende mit Ihrer Familie zu Hause.
9. Sie machen ein Picknick im Wald.
10. Sie haben diese Woche keine Zeit zum Kochen.

Dialog

Fragen Sie jetzt nach
a.) dem Speiseplan
b.) dem Einkaufszettel.

Sprecher A

Ich 1. lade Freunde am Sonntag zum ...
2. habe die Verwandten am Samstag da .
3. lade Freunde am... ein.
4. habe einen Kindergeburtstag.
5. mache ein Essen für....
6. habe eine Hochzeit....
7. mache eine Wohnungseinweihung.
8. habe ein normales.....
9. mache in Picknick...
10. habe diese Woche keine....

Es gibt ..... und zum Trinken gibt es ....

Ich kaufe ...
Ich lade Sie ein.

Gerne. Bringen Sie .... mit.

Hören 16

Sprecher B

Was gibt es 1. zum Frühstück?
2. am Samstagabend zu essen?
3. am ....
4. zum Kindergeburtstag ...
5. zum ....
6. zur Hochzeit zu essen?
7. zur Wohnungseinweihung...
8. am Wochenende...
9. zum Picknick...
10. diese Woche ...

Was kaufen Sie ein?

Vielen Dank. Darf ich etwas mitbringen?

Abschnitt 2

Einkaufen

Hören 17

Am Geldautomaten

Lesetext

Familie Moreno geht in die Stadt.
Sie gehen zur Bank und holen Geld.
Sie gehen zum Automaten und stecken die Karte hinein.

Der Automat zeigt an:

Bitte Geheimzahl eingeben.

Die Geheimzahl von Herrn Moreno lautet:
1231, aber er gibt ein: 1221. Der Automat zeigt an:

Falsche Geheimzahl.
Bitte Geheimzahl neu eingeben.

Herr Moreno drückt die Taste

Korrektur und die Taste **Wiederholen.**

Er versucht es noch einmal und gibt die richtige Geheimzahl ein: 1231. Der Automat zeigt an:

Bitte Betrag durch eine Taste auswählen.

Herr Moreno wählt:

100 Euro und drückt die Taste **Bestätigen.**

Der Automat zeigt an: **Bitte warten Sie einen Moment**.

Dann öffnet sich ein Fenster. Herr Moreno bekommt einen Fünfzig-Euroschein und fünf Zehn-Euroscheine.

Textverstehen

Aufgabe 1

Verstehen Sie den Text?

Die Frage

1. Was machen Sie mit der Bankkarte?
2. Was geben Sie ein?
3. Was zeigt der Automat an?
Sie wählen 100 Euro.
4. Welche Taste drücken Sie dann?

Die Antwort

1. Ich stecke die Karte in den ... hinein.
2. Ich gebe die G... ein.
3. Bitte B... durch eine Taste auswählen.

4. B...

Hören 18

Aufgabe 2

Wie ist die richtige Reihenfolge?

Hören 19

				richtig	falsch
a	Bctrag: 100 Euro	Bestätigen	Geheimzahl: 1422		
b	Bestätigen	Betrag: 100 Euro	Geheimzahl: 1422		
c	Geheimzahl: 1422	Betrag: 100 Euro	Bestätigen		
d	Geheimzahl: 1422	Bestätigen	Betrag: 100 Euro		

Hören 20

Lesetext

Im Supermarkt

Familie Moreno geht in den Supermarkt.

Dort kaufen sie für das Fest ein.

Herr Moreno holt den Einkaufszettel aus der Tasche.

Frau Moreno holt den Einkaufswagen.

2

Sie kommen zur Gemüseabteilung.

Sie legen ein Netz Zwiebeln, ein Bund Karotten, einen Blumenkohl, einen Sack Kartoffeln, Knoblauch, zwei Gurken, eine Melone und zwei grüne Salatköpfein den Einkaufswagen.

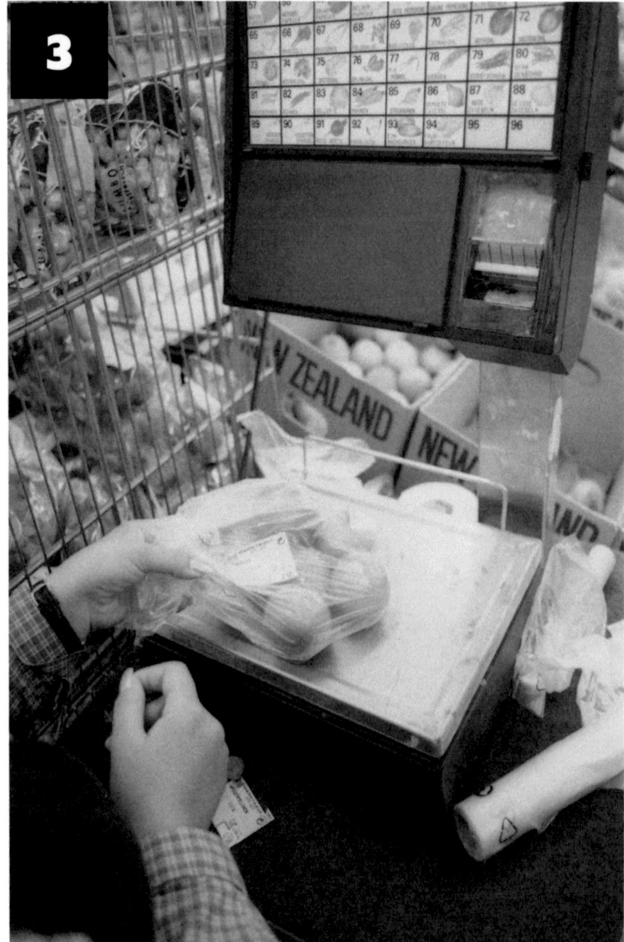

Für die Tomaten und die Paprikas reißt Frau Moreno zwei Plastiktüten von einer Rolle.

Sie gibt die Tomaten und die Paprikas in die Tüten auf die Waage.

Sie liest: 1,5 kg und drückt auf die Taste: „Tomaten".

Sie liest den Preis: 2,45 Euro.

Danach wiegt sie die Paprikas ab.

Auch für die Äpfel, Birnen, Pfirsiche, Aprikosen und Zitronen braucht sie Plastiktüten.

Sie wiegt das Obst ab.

Frau Moreno steht lange Zeit in der Gemüseabteilung und wiegt ab.

Herr Moreno geht und holt Ketchup und Majonaise.

Dann gehen sie zusammen zum Kühlfach.

Sie brauchen Joghurt für die Salatsoße.

Sie nehmen noch drei Liter Vollmilch für den Kakao mit.

Neben dem Kühlfach stehen auch die Eier.
Sie nehmen eine Packung mit.

Herr Moreno sucht die Erbsen- und die Bohnendosen.

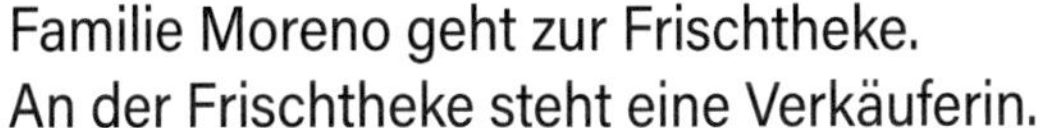

Familie Moreno geht zur Frischtheke.
An der Frischtheke steht eine Verkäuferin.

Eine Verkäuferin:
Bitteschön?

Frau Moreno:
Ich möchte bitte 2 Kilo Wurstaufschnitt.

Die Verkäuferin:
Schinken ist gerade im Sonderangebot.
100 gr. kosten 1,35 Euro.

Frau Moreno:
Nein danke. Ich möchte gemischten Aufschnitt.

Die Verkäuferin schneidet die Wurst und legt sie auf die Waage.

Dann wiegt sie die Wurst ab, steckt sie in eine Tüte und klebt den Preiszettel auf die Tüte.

Sie gibt den Kindern ein Stück Wurst.

Die Verkäuferin:
Einen schönen Feierabend noch.

Frau Moreno:
Danke ebenfalls. Auf Wiedersehen.

Die Verkäuferin:
Auf Wiedersehen.

Jetzt brauchen sie noch den Tee und den Kakao.

Dann wählen sie noch ein paar Flaschen Wein aus und nehmen auch eine Kiste Bier und eine Kiste Mineralwasser mit.

Für die Kinder gibt es drei Packungen Fruchtsaft, ein bisschen Schokolade und Kekse. Die Kinder legen den Orangensaft in den Wagen.

Der Einkaufswagen ist voll.
Sie gehen an die Kasse und legen die Waren auf das Band.
Die Kassiererin gibt die Preise ein, Frau Moreno bezahlt.

„Da vorne gibt es Eis!", rufen die Mädchen. Frau Moreno holt den Kindern ein Eis.

Mit schweren Taschen gehen die Morenos aus dem Supermarkt.

Aufgabe

Was kaufen die Morenos ein?

Die Frage

1. Was kaufen sie in der Gemüse- und Obst-Abteilung ein?
2. Was kaufen sie aus dem Kühlfach ein?
3. Was kaufen sie in der Konservendosen-Abteilung ein?
4. Was kaufen sie an der Frischtheke ein?
5. Was kaufen sie in der Getränke-Abteilung ein?
6. Was kaufen sie an Süßigkeiten ein?

Die Antwort

Sie kaufen...

...

Hören 21

Text verstehen

Abschnitt 3

Hören 22

Lesetext

Am Wochenende

Das ist Familie Hoffmann
Sie haben fünf Kinder: Svetlana ist 15 Jahre alt, Friedrich ist 13 Jahre alt, Nelly ist 9 Jahre alt, Arthur ist 6 Jahre alt und Julia ist 3 Jahre alt.

Es ist Samstag. Familie Hoffmann ist zu Hause. Sie frühstücken.

Frau Hoffmann:
Was essen wir heute Mittag?

Artur:
Essen wir eine Pizza?

Friedrich:
Nein, essen wir einen Hamburger.

Herr Hoffmann:
Nein, Pizza und Hamburger sind nicht gesund. Ich esse lieber ein Kotelett mit Kartoffeln und Gemüse.

Svetlana:
Nein, das macht so dick.
Essen wir doch eine Suppe.

Frau Hoffmann:
Gut. Ich koche eine Gemüsesuppe.

Artur:
Aber ich mag keine Erbsen.

Frau Hoffmann:
Dann koche ich eine Gemüsesuppe ohne Erbsen.

Herr Hoffmann:
Gut. Essen wir am Sonntag Koteletts?

Frau Hoffmann:
Einverstanden. Aber wer kauft ein?
Wir haben kein Gemüse, keine Kartoffeln, keine Nudeln, keine Koteletts, kein Brot, keine Milch, keinen Tee und keinen Kaffee.

Herr Hoffmann:
Ich gehe nicht. Ich habe keine Zeit.
Ich repariere das Auto.

Friedrich:
Ich gehe auch nicht. Ich bin müde.

Svetlana:
Ich gehe auch nicht. ich treffe heute meinen Freund.

Artur:
Ich gehe. Ich habe Lust,

Frau Hoffmann:
Aber allein gehst du nicht. Du bist noch zu klein.

Artur:
Na gut. Kaufst du dann einen Hamburger?

Aufgabe

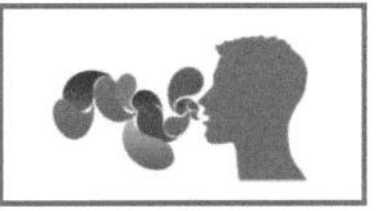

Sprechübung

Was machen sie wirklich?

a.) Bauen Sie richtige Sätze:

1. Herr Hoffmann	nicht	reparieren	das Auto.	Er	spazieren	gehen.
2. Svetlana	nicht	treffen	ihren Freund.	Sie	backen	Kuchen.
3. Friedrich	nicht	müde	sein	Er	lesen	ein Buch.
4. Artur	nicht	mitgehen.	Er	spielen	mit seinem Freund.	
5. Frau Hoffmann	keine Koteletts	kaufen.	Die Koteletts	zu teuer	sein.	
6. Sie	kaufen	Hackfleisch.				

b.) Ordnen Sie die Bilder den richtigen Personen zu.

Hören 24

Spielen

Spielanleitung

a. Jeder bereitet mit dem Wörterbuch und den Vorschlägen unten vor, was er nicht gerne macht. Nach ein paar Minuten erzählen alle reihum, was Sie nicht gerne machen.

b. Dann gehen Sie alle durcheinander im Raum spazieren. Der Lehrer klatscht plötzlich in die Hände. Sie haben blitzschnell einen Partner. Gehen Sie mit ihm an Ihren Platz und schreiben Sie auf einen Zettel, was er nicht gerne macht.

c. Alle gehen zurück auf ihre Plätze. Nun beginnt einer vorzulesen. Die anderen raten, wer gemeint ist. Wer es erraten hat, macht weiter bis alle dran waren.

Zu a. Vorschläge:
einkaufen gehen, spazieren gehen, schwimmen gehen, arbeiten gehen, früh ins Bett gehen, ins Theater gehen, ins Kino gehen, ins Konzert gehen, zum Amt gehen, zum Arzt gehen, Briefe schreiben, Pakete schicken, früh aufstehen, mein Auto reparieren, mein Auto waschen, Auto fahren, das Geschirr abspülen, die Wäsche waschen, die Wäsche bügeln, kochen, putzen, lesen, schreiben, lernen ....

Sagen Sie Ihren Kollegen, was Sie nicht gerne machen:

Ich	gehe	nicht gerne	einkaufen.	
	schreibe		Briefe .	
	stehe		früh	auf.
	...		....	

Zu b. Beispiel:

schwimmen, ins Theater gehen,
Wäsche waschen

Zu c. Beispiel:

Er schwimmt nicht gerne,
geht nicht gerne ins Theater,
wäscht nicht gerne Wäsche.
Wer ist das?

Essen gehen

Hören 25

Freies Gespräch
Was kann man hier essen?

Hören 26

Lesetext

Im Restaurant

Herr und Frau Müller gehen heute ins Restaurant.
Sie feiern ihren 21. Hochzeitstag.

Herr Müller:
Die Speisekarte bitte.
Die Kellnerin:
Bitte schön. Was möchten Sie trinken?
Herr Müller:
Trinkst du Bier oder Wein?
Frau Müller:
Ich trinke gerne ein Bier.
Herr Müller:
Dann bitte zwei Bier.

Die Kellnerin geht.
Herr und Frau Müller lesen die Speisekarte.

Herr Müller:
Nehmen wir eine Vorspeise? Eine Suppe oder einen Salat?
Frau Müller:
Ich esse gerne einen Salat. ich möchte den gemischten Salat.
Herr Müller:
Ich nehme die Zwiebelsuppe.
Was nehmen wir als Hauptspeise?
Du isst doch gerne Fisch?
Frau Müller:
Nein danke, heute nicht.
Ich möchte das Schweinesteak Hawai.

Herr Müller:
Ich nehme das Paprikaschnitzel.

Die Kellnerin kommt mit den Getränken.

Die Kellnerin:
Bitte schön... das Bier.
Herr Müller:
Danke schön.
Die Kellnerin:
Was möchten Sie essen?
Herr Müller:
Als Vorspeise nehmen wir den gemischten Salat und die Zwiebelsuppe. Als Hauptspeise nehmen wir das Schweinesteak Hawai und das Paprikaschnitzel.

Die Kellnerin bringt die Speisen. Das Essen schmeckt gut. Herr und Frau Müller essen mit großem Appetit. Dann kommt die Kellnerin und räumt ab.

Die Kellnerin:
Hat es Ihnen geschmeckt?
Frau Müller:
Danke, sehr gut.
Die Kellnerin:
Möchten Sie noch eine Nachspeise?
Herr Müller:
Was empfehlen Sie?
Die Kellnerin:
Wir haben Eis, Kuchen und Obst.
Ich empfehle das Orangensorbet.
Eine Spezialität der Chefin!
Frau Müller:
Schön. Ich nehme das Orangensorbet.
Herr Müller:
Und ich möchte einen Kaffee.

Nach dem Kaffee ruft Herr Müller:

Herr Müller:
Ich möchte bitte zahlen!

Die Kellnerin kommt mit der Rechnung.

Herr Müller:
Bitte schön. Der Rest ist für Sie.
Die Kellnerin:
Vielen Dank.
Ich wünsche Ihnen einen schönen Abend!

Die Speisekarte

Hören 27

Vorspeisen		*Hauptspeisen*		*Desserts*	
Suppen		***Schwein***		***Eis***	
Rindsbouillon	*4,50*	*Schnitzel mit Pommes Frites und Salat*	*12,60*	*Gemischtes Eis mit Sahne*	*3,30*
Gemüsesuppe	*4,00*	*Schweinebraten mit Semmelknödeln und Sauerkraut*	*14,10*	*Erdbeerbecher*	*4,70*
Tomatensuppe	*4,20*	*Schweinesteak Hawai mit Bratkartoffeln und Salat*	*16,60*	*Orangensorbet*	*5,30*
Champignonsuppe	*4,50*	*Paprikaschnitzel mit Pommes Frites und Salat*	*17,60*	*Eiskaffee*	*3,80*
Salate				***Kuchen***	
Grüner Salat	*3,20*			*Apfelkuchen*	*3,10*
Tomatensalat	*3,40*			*Schokoladenkuchen*	*3,20*
gemischter Salat	*5,00*	***Rind***		*Nusskuchen*	*3,20*
Heringssalat	*5,30*	*Steak mit Pommes Frites und Salat*	*18,10*		
Thunfischsalat	*6,70*	*Sauerbraten mit Kroketten und Apfelmus*	*17,50*		
		Zwiebelrostbraten mit Pommes Frites und Salat	*19,10*		
		Rinderfilet mit Kroketten und Salat	*19,50*		
		Huhn			
		Brathähnchen mit Pommes Frites und Salat	*10,60*		
		Hühnerfrikassee mit Reis und Gemüse	*9,10*		
		Fisch			
		Schollenfilet mit Bratkartoffeln und Salat	*10,60*		
		Fischplatte mit Reis und Salat	*14,10*		

Hören 28

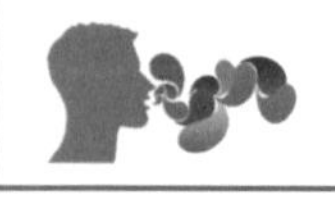
Sprechübung

Aufgabe 1 **Was nehmen Sie?**

Lesen Sie die Speisekarte und wählen Sie aus:

Beispiel:

Als Vorspeise	nehme ich	den Tomatensalat.
Als Hauptspeise		die Fischplatte.
Als Nachspeise		das Orangensorbet.
Zu trinken		einen Weißwein.

Sprechen Sie ebenso:

Als Vorspeise	nehme ich	die...
Als Hauptspeise		den ...
...		das ...

Hören 29

Dialog

Aufgabe 2 **Was essen Sie gerne?**

Lesen Sie im Wortschatz „Essen und Trinken" und fragen Sie:

Die Frage

Essen	Sie gerne	einen ...?
Trinken		ein...?
Isst	du gerne	eine...?
Trinkst		

Die Antwort

Ja, ich	esse gerne	einen ...
	trinke	ein ...
		eine ...
Nein, ich		keinen ...
		kein ...
		keine ...

Achtung!
Warum fragen Sie ohne Artikel nach: Kartoffeln, Gemüse, Obst, Fleisch?

Aufgabe 3

Was sagen Sie im Restaurant?

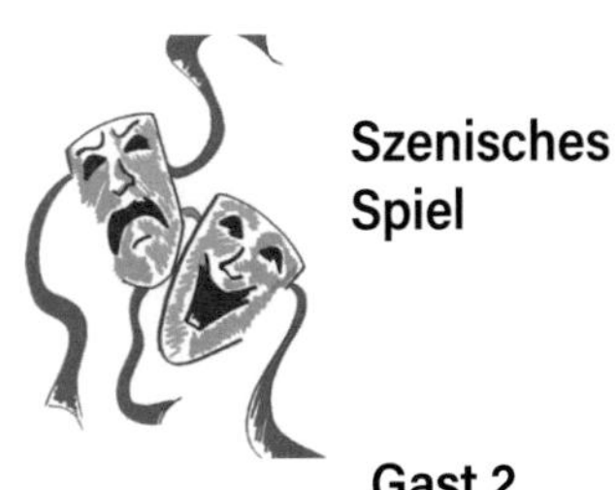

Szenisches Spiel

Gast 1	**Kellner/Kellnerin**	**Gast 2**
Herr Ober / Fräulein | die Speisekarte, bitte.		
	Bitte schön. Was möchten Sie trinken?	
Trinken Sie / Trinkst du | gerne | einen ... oder / eine ... / ein ... | einen....? / eine...? / ein ...?		
		Ich möchte gerne | einen ... eine ... ein ....
Ich nehme | einen ... eine ... ein ...		
	Die Kellnerin geht und holt die Getränke.	
Nehmen wir / Nehmen Sie / Nimmst du | eine Vorspeise?		
		Ja, / Nein danke. | ich möchte | einen ... eine ... ein ...
Ich nehme | einen... eine ... ein ... keine Vorspeise.		
Was nehmen wir als Hauptspeise?		
		Ich möchte gerne | einen... eine ... ein ...
Ich nehme | einen ...		
	Die Kellnerin kommt mit den Getränken. Bitte schön. | Der... / Die ... / Das ... | und | der ... / die ... / das ... Was möchten Sie essen?	
Als Vorspeise nehmen wir | den ... / die ... / das ... | und ..	...	
Als Hauptspeise nehmen wir ...	Vielen Dank. *Die Kellnerin geht und holt die Speisen. Dann kommt sie wieder.* Bitte schön. Die Vorspeise. Der ... und der ... ... Bitte schön. Guten Appetit.	
Vielen Dank.		Vielen Dank.

Führen Sie das Spiel selbstständig zu Ende.

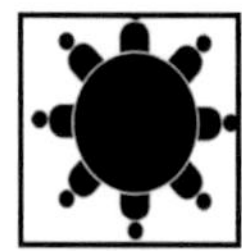

Was machen wir auf der Bank?

Freies Gespräch

Hören 30

Lesetext

Auf der Bank

Frau Hoffmann geht auf die Bank.
Sie bezahlt die Miete.
Sie braucht ein Überweisungsformular.
Die Miete möchte sie in den nächsten Monaten per Dauerauftrag bezahlen.
Jeden Monat überweist dann die Bank die Miete automatisch.

Die Bankangestellte:
Guten Tag.
Frau Hoffmann:
Guten Tag. Ich möchte bitte ein Überweisungsformular
und für die nächsten Monate möchte ich die Miete
per Dauerauftrag überweisen.
Die Bankangestellte:
In Ordnung. Ihr Name und Ihre IBAN?
Frau Hoffmann:
Mein Name ist Elsa Hoffmann.
Meine IBAN lautet: DE 89 578 4980 0000 0998.

Die Bankangestellte:
Wie ist der Name des Vermieters?
Frau Hoffmann:
Johann Maier.
Die Bankangestellte:
Bei welcher Bank ist Ihr Vermieter?
Frau Hoffmann:
Bei der Göttinger Nordbank.
Die Bankangestellte:
Wie lautet die IBAN und die BIC?
Frau Hoffmann:
Die IBAN lautet: DE 86 79623 0000 07541.
Die BIC lautet: GÖNOBA 1GIG
Die Bankangestellte:
Wann möchten Sie das Geld jeden Monat überweisen?
Frau Hoffmann:
Jeden Ersten im Monat.
Die Bankangestellte:
Wie viel möchten Sie jeden Monat überweisen?
Frau Hoffmann:
820 Euro.
Die Bankangestellte:
Das geht in Ordnung.
Den Dauerauftrag können sie jederzeit kündigen.
Bitte sagen Sie uns dann Bescheid.
Und hier ist das Überweisungsformular für heute.

Die Zahlen von 100 bis 1000

Hören 31

100	hundert
101	hunderteins
102	hundertzwei
110	hundertzehn
111	hundertelf
120	hundertzwanzig
125	hundertfünfundzwanzig
160	hundertsechzig
170	hundertsiebzig
200	zweihundert
283	zweihundertdreiundachtzig
300	dreihundert
395	dreihundertfünfundneunzig
400	vierhundert
500	fünfhundert
600	sechshundert
700	siebenhundert
800	achthundert
900	neunhundert
1000	tausend

Die Bankangestellte gibt Frau Hoffmann das Formular. Frau Hoffmann füllt aus:

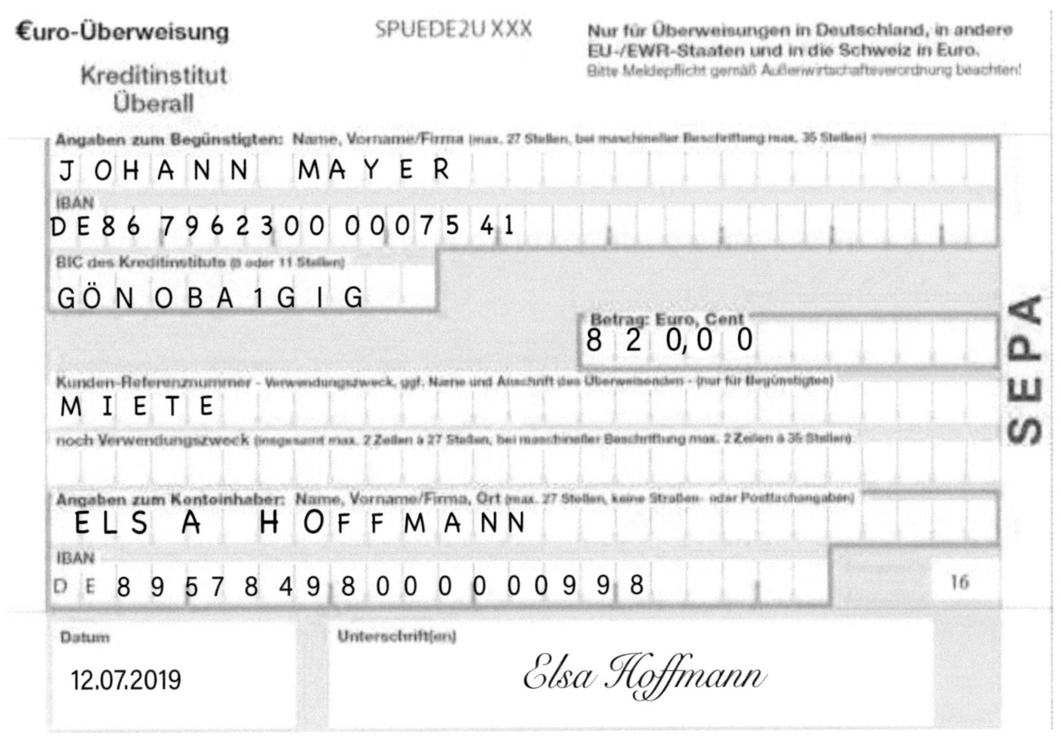
€uro-Überweisung
SPUEDE2U XXX
Nur für Überweisungen in Deutschland, in andere EU-/EWR-Staaten und in die Schweiz in Euro.
Bitte Meldepflicht gemäß Außenwirtschaftsverordnung beachten!
Kreditinstitut Überall
Angaben zum Begünstigten: Name, Vorname/Firma (max. 27 Stellen, bei maschineller Beschriftung max. 35 Stellen)
JOHANN MAYER
IBAN
DE86 7962300 000075 41
BIC des Kreditinstituts (8 oder 11 Stellen)
GÖNOBA1GIG
Betrag: Euro, Cent
820,00
Kunden-Referenznummer - Verwendungszweck, ggf. Name und Anschrift des Überweisenden - (nur für Begünstigten)
MIETE
noch Verwendungszweck (insgesamt max. 2 Zeilen à 27 Stellen, bei maschineller Beschriftung max. 2 Zeilen à 35 Stellen)
Angaben zum Kontoinhaber: Name, Vorname/Firma, Ort (max. 27 Stellen, keine Straßen- oder Postfachangaben)
ELSA HOFFMANN
IBAN
DE 89578498000000998
16
SEPA
Datum
12.07.2019
Unterschrift(en)
Elsa Hoffmann

Hören 32

Lesetext

Was machen Sie auf der Bank?

Lernen Sie diese Sätze.

Ein Konto eröffnen	Ich möchte bitte ein...
Geld überweisen	Ich möchte bitte....
einen Dauerauftrag einrichten	Ich möchte bitte einen ...
Geld einzahlen	Ich möchte bitte ... Euro auf das Konto ... einzahlen.
Geld abheben	Ich möchte bitte ... Euro von meinem Konto abheben.
Geld wechseln	Ich möchte bitte ... Euro in ... wechseln.
<u>Online-Banking.</u>	
Was ist das?	Mit einem Passwort mache ich zu Hause Geldgeschäfte.
Was kann man zu Hause machen?	den Kontostand lesen Geld überweisen
<u>Die EC Karte</u>	
Was mache ich mit einer EC Karte	Geld vom Automaten holen an der Kasse bezahlen

Kapitel 3

Abschnitt 1
Was machen wir am Wochenende?

Abschnitt 2
Ein Auto kaufen

Abschnitt 3
Termine

Abschnitt 4
Verbraucher-
beratung

Was machen wir am Wochenende?

Hören 33

Herr Hoffmann und Herr Moreno sitzen zusammen im Café.
Sie unterhalten sich.

Lesetext

Herr Hoffmann:
Herr Moreno, was machen Sie am Wochenende?

Herr Moreno:
Ich ruhe mich aus.
Ich schlafe am Sonntag lange.
Wir frühstücken und sprechen miteinander.
Ein bisschen Arbeit gibt es auch am Samstag.
Oft ist etwas kaputt. Ich repariere es dann.

Herr Hoffmann:
Oh ja. Das kenne ich.
Unsere Waschmaschine ist oft kaputt.

Herr Moreno:
Manchmal machen wir auch einen Schaufensterbummel in der Stadt.
Um ein Uhr essen wir zu Mittag.
Nachmittags gehe ich mit den Töchtern spazieren
oder ich lese Isabell und Laura ein Märchen vor.
Abends sitzen wir gemütlich zusammen.
Wir laden gern Leute ein und feiern.

Herr Hoffmann:
Sonntags ist es aber bestimmt ruhiger.

Herr Moreno:
Ja, am Sonntag schlafen wir oft bis mittags.
Nachmittags wandern wir gerne.
Aber was machen Sie am Wochenende?

Herr Hoffmann:
Ich mache dasselbe wie Sie.
Nur Märchen lese ich nicht gerne vor.
Abends möchte ich auch gerne Leute einladen.
Aber das ist schwer.
Wir haben noch wenig Freunde in Deutschland.

Hören 34

Textverstehen

Aufgabe 1

Was macht Herr Moreno am Wochenende?

1. Was macht Herr Moreno Sonntag morgens? Er schläft ...

2. Was macht er Samstag vormittags? Er repariert ... oder macht ...

3. Was macht er Samstag mittags? Er isst ...

4. Was macht er Samstag nachmittags? Er geht ... oder liest ...

5. Was macht er Samstag abends? Er sitzt... Er lädt ...

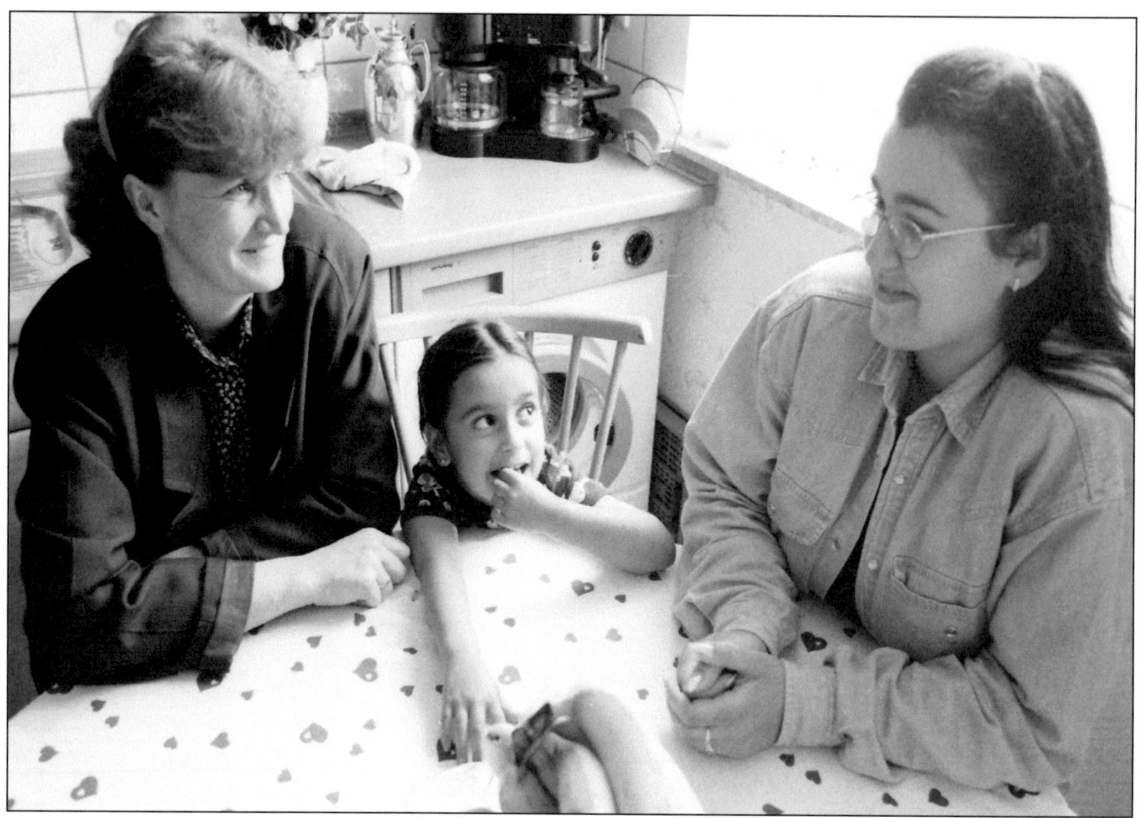

Hören 35

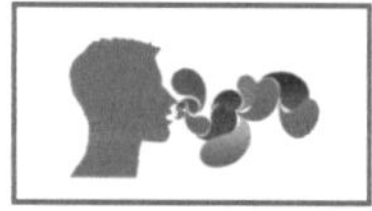

Sprechübung

Was machen Sie am Wochenende?

Frau Hoffmann und Frau Moreno
sitzen zusammen in der Küche
von Frau Moreno.

Frau Moreno fragt Frau Hoffmann:
„Was machen Sie am Wochenende?

Frau Hoffmann erzählt: ....

morgens:	Frühstück vorbereiten, Kaffee und Kakao kochen frühstücken nach dem Frühstück Geschirr abwaschen

vormittags	einkaufen gehen Wäsche waschen und aufhängen die Wohnung aufräumen und putzen das Mittagessen kochen

mittags:	Tisch decken, mit der Familie zu Mittag essen Geschirr abwaschen

nachmittags	die Wäsche bügeln Kaffee kochen im Wohnzimmer sitzen und stricken Musik hören mit den Kindern sprechen

abends	Abendessen kochen, Tisch decken mit der Familie zu Abend essen fernsehen

Was erzählt Frau Hoffmann?

1. Ich	bereite	das Frühstück vor.
2. ...	koche	Kaffee und Kakao.
3....	frühstücke	
4. Nach dem Frühstück	wasche	ich...
5 Vormittags	gehe	ich ...
6. Ich	wasche	....
7	räume	...
8.	koche	....
9. Mittags	decke	....
10. Dann	esse	...
......		

Lesetext

Sonntags im Garten

1.

Hören 36

Familie Hoffmann hat draußen auf dem Land einen kleinen Garten.

Sonntag morgens packt Svetlana die Kühltasche mit Brot, Wurst, Käse, Frikadellen und Piroggen.

Nelly kocht eine große Thermoskanne Tee.
Die Thermoskanne ist neu.

Auf der Verpackung liest Nelly: „Diese Thermoskanne hält Ihr Getränk zwölf Stunden lang heiß." Aber Svetlana sagt: „Ach, das ist nur Werbung. ich glaube das nicht. Die Firma wirbt nur."

2.

Hören 37

Sie packen das Auto.
Svetlana bringt die Kühltasche,
Frau Hoffmann nimmt die Gartenstühle,
Herr Hoffmann trägt den Gartentisch.

„Vergiss die Thermoskanne nicht", ruft Frau Hoffmann.
„Nein, nein. Ich vergesse sie nicht, " antwortet Svetlana.
Nelly holt die neue Thermoskanne und
nimmt die kleine Julia an die Hand.

Das Auto ist voll, aber Artur nimmt noch einen Fußball mit.

Die Familie fährt los.
Sie fahren eine viertel Stunde.
Vor einem kleinen Gartentor halten sie an.
Schnell steigen die Kinder aus dem Auto,
schlagen die Autotüren zu
und öffnen das Gartentor.
„Halt!", ruft Frau Hoffmann.„Wer schlägt hier die Türen so laut zu?
Nehmt doch die Sachen mit!"
Die Kinder gehen zurück und holen die Kühltasche, die Thermoskanne,
die Gartenstühle und den Fußball.

2

3

Hören 38

3.

Der Vater gräbt heute ein Gemüsebeet aus.
Friedrich hilft dem Vater und misst das Beet aus.
Dann graben sie gemeinsam.
Friedrich pflanzt kleine Stecklinge.
Der Vater rät: „Lass ein bisschen Abstand zwischen den Pflanzen.
Dann wachsen sie besser." -
Nelly fragt: „Was macht ihr denn da?" -
Friedrich antwortet: „Wir pflanzen hier Gemüse: Tomaten, Paprikas, Kartoffeln." Auch Artur kommt und fragt: „Wie schnell wachsen denn die Pflanzen?
Sind da morgen schon Tomaten und Paprikas?" -
Nelly antwortet: „Aber nein. Das dauert ein paar Monate.
Eine Pflanze wächst nicht so schnell."

Hören 39

4.

Julia schreit laut. Nelly läuft zu Julia.
„Was ist los? Was hast du? ... Ach, das ist nicht schlimm."
Julia hat einen Dorn im Finger.
Sie steht an einem Himbeerstrauch.
Nelly lacht: „Du stiehlst Himbeeren und der Dorn sticht dich dafür.

5

Sei vorsichtig!"
Nelly zieht den Dorn aus dem Finger, pflückt ein paar Himbeeren
und steckt sie Julia in den Mund.
„Du stirbst nicht von einem kleinen Dorn.
Die Wunde schwillt auch nicht an.

Komm wir spielen Fußball.
Artur, spielst du mit?", ruft Nelly. -
Aber Artur sagt: „Nein, mit Julia spiel ich nicht. Sie spielt nicht Fußball.
Sie wirft den Ball mit der Hand. Das gilt nicht."
„Na und, dann gelten eben andere Spielregeln", meint Nelly
und die drei Kinder spielen Ball.
Ein Apfel fällt vom Baum.
Artur erschrickt: „Aua, mein Kopf!", ruft er.
Svetlana sitzt im Baum und pflückt Äpfel.
„Entschuldigung!", ruft sie und klettert mit einem Korb Äpfel hinunter.

Hören 40

5.

Frau Hoffmann klappt die Gartenstühle auf,
legt ein Tischtuch auf den Gartentisch
und deckt den Tisch.
„Das Essen ist fertig!", ruft sie.
„Kommt schnell!
Das Fleisch verdirbt und die Butter schmilzt in der Sonne."
Die Kinder laufen herbei.
Sie bricht das Brot und gibt jedem ein Stück.
Dann verteilt sie die Frikadellen und die Piroggen
und schneidet Käse und Wurst auf.
Nelly nimmt die Thermoskanne
und gießt jedem eine Tasse ein.
„Der Tee ist nicht heiß", sagt sie, „der Tee ist lauwarm."

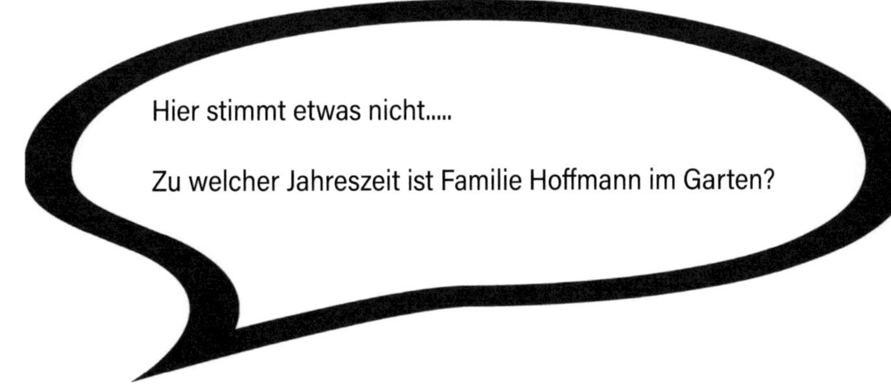

Textverstehen

Teil 1

Hören 41

1. Wann fährt Familie Hoffmann in den Garten?	Familie Hoffmann ... am ...
2. Was packt Svetlana in die Kühltasche?	Sie ...
3. Was kocht Nelly?	Sie ...
4. Was liest Nelly auf der Verpackung	Sie ...",„Diese Thermoskanne ..."
5. Was glaubt Svetlana?	Das ist nur Werbung. Die Firma ....

Teil 2

Hören 42

6. Was bringt Svetlana in das Auto?	Sie ...
7. Was nimmt Frau Hoffmann?	Sie ...
8. Was trägt Herr Hoffmann?	Er ...
9. Was holt Nelly?	Sie ...
10. Wen nimmt sie an die Hand?	Sie ...
11. Was nimmt Artur mit?	Er ... mit.
12. Wie lange fährt die Familie zum Garten?	Sie ... eine ... Stunde.
13. Wie steigen die Kinder aus dem Auto?	Sie steigen ... aus dem Auto, ... die Autotür zu und ... das Gartentor.
14. Was ruft Frau Hoffmann den Kindern zu?	Sie sagt:"... die Sachen mit!"
15. Die Kinder gehen zurück. Was holen sie?	Sie holen die..., die..., die... und den ...

Teil 3

Hören 43

16. Was macht der Vater heute im Garten?	Er ... ein Gemüsebeet ...
17. Wer hilft dem Vater?	.... dem Vater.
18. Was macht Friedrich?	Er ... das Beet aus, ... zusammen mit dem Vater und ... kleine Stecklinge.
19. Was rät der Vater?	Er .... ein bisschen ... zwischen den Pflanzen.
20. Wen fragt Nelly?	Sie ...
21. Was pflanzen Friedrich und der Vater?	Sie ...
22. Was fragt Artur?	Wie schnell ...
23. Was antwortet Nelly?	Das ... ein paar Monate. Eine Pflanze ... nicht so schnell.

Hören 44

Teil 4

24. Warum schreit Julia?	Sie hat einen Dorn im ....
25. Wo steht Julia?	Sie ... am ...
26. Warum sticht sie der Dorn? Was sagt Nelly?	Julia ... Himbeeren und der Dorn ... sie dafür.
27. Was macht Nelly mit Julia?	Sie ... den Dorn aus dem .. und sie .. ein paar Himbeeren und ... sie Julia in den Mund.
28. Was sagt sie zu Julia?	Du ... nicht von einem kleinen Dorn. Die Wunde ... auch nicht an.
29. Was möchte Nelly mit Julia und Artur spielen?	Sie möchte ... spielen.
30. Was fragt sie Artur?	... du mit?
31. Warum spielt Artur nicht mit Julia?	Julia... nicht ... sie ... mit der Hand. Das ... nicht.
32. Was fällt vom Baum?	Ein ... vom Baum.
33. Wer erschrickt?	Artur...
34. Was macht Svetlana im Baum?	Sie ...

Hören 45

Teil 5

35. Was macht Frau Hoffmann mit den Gartenstühlen, dem Tischtuch, dem Tisch?	Sie ... die Gartenstühle auf, ... ein Tischtuch auf den ... und ...
36. Warum sagt Frau Hoffmann: „Kommt schnell!“	Es ist warm und die Butter ... und das Fleisch ... in der Sonne.
37. Was macht Frau Hoffman mit dem Brot?	Sie ... das Brot und ... jedem ein Stück.
38. Was verteilt sie?	Sie ...
39. Was schneidet sie auf?	Sie ...
40. Wer nimmt die Thermoskanne?	...
41. Was macht sie mit der Thermoskanne?	Sie ... jedem ... ein.
42. Stimmt die Werbung für die Thermoskanne?	...

Lesetext

Der Autokauf

Es ist Samstag.

Familie Moreno möchte ein Auto kaufen.

Herr und Frau Moreno fahren mit den Kindern Isabell und Laura zum Autohändler.

Hören 46

Herr Moreno:
Das ist ein schönes Auto.
Kein Rost.
Schau!

Frau Moreno:
Ja, der Lack ist gut.
Es ist vielleicht ein Garagenwagen.
Wie alt ist das Auto wirklich?

Das ist ein Auto mit Rost.

Herr Moreno:
Oh, das Auto hat schon 130 000 km auf dem Tacho.

Frau Moreno:
Ja, aber das ist ein Diesel. Der Motor hält sehr lange.

Herr Moreno:
Wann ist denn der nächste TÜV-Termin?

Frau Moreno:
Der TÜV ist noch nicht abgelaufen. Aber der Termin ist in einem halben Jahr.

Lesen Sie die TÜV-Plakette richtig!

Welche Zahl steht in der Mitte? = Ablaufjahr (20 = 2020)
Welche Zahl steht oben? = Ablaufmonat (5 = Mai)

Herr Moreno:
Machen wir eine Probefahrt?

Frau Moreno:
Wie viel kostet denn das Auto?

Herr Moreno:
Hier steht: 25 000 Euro.

Frau Moreno:
Das ist viel zu teuer.
Schauen wir uns doch die kleinen Autos an.

Herr Moreno:
Da steht ein VW Polo.

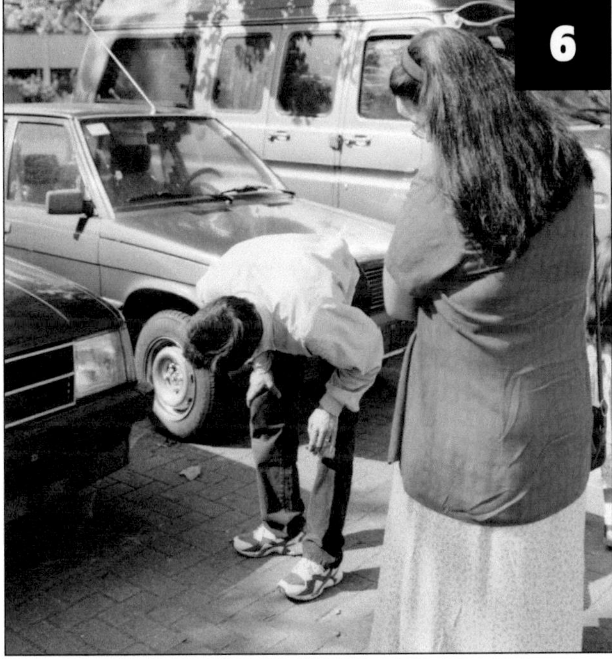

Herr Moreno sieht unter das Auto.

Herr Moreno:
Mmh. Das Auto ist schon ziemlich verrostet.

Frau Moreno:
Aber der Polo hat nur 80 000 km auf dem Tacho und hat noch zwei Jahre TÜV.

Herr Moreno: Da steht der Verkäufer. Fragen wir, wie viel das Auto kostet.

Herr Moreno:
Guten Tag.
Wir interessieren uns für den Polo.
Wie alt ist er denn?

Der Verkäufer:
Das Auto ist neun Jahre alt.

Frau Moreno:
Das ist schon sehr viel.

Der Verkäufer:
Ja, aber er hat einen neuen TÜV.
Es fährt bestimmt zwei Jahre ohne Probleme.

Herr Moreno:
Ist das auch kein Unfallwagen?

Der Verkäufer:
Aber nein.
Ich bestätige das auch gerne schriftlich.

Herr Moreno:
Ah, das Auto ist auch aus erster Hand?

Der Verkäufer:
Ja.

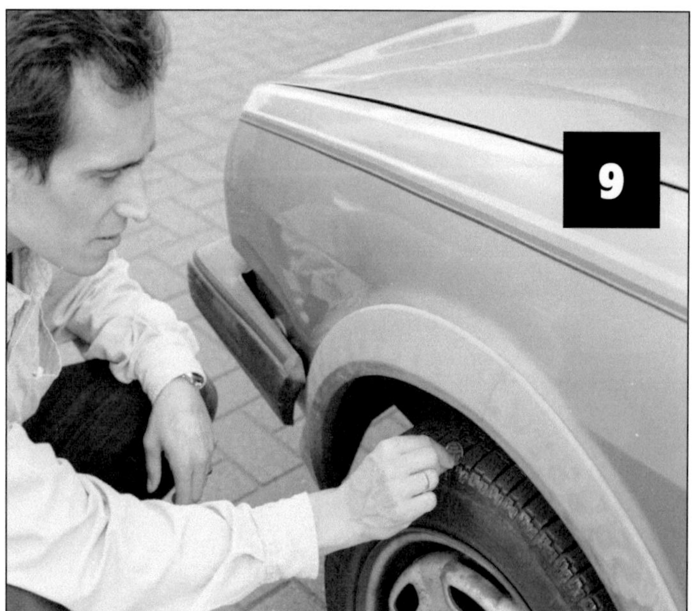

Herr Moreno prüft die Reifen.
Er nimmt eine 10 Cent-Münze
und steckt sie zwischen die
Profilrillen.

Herr Moreno:
Die Reifen sind schon ziemlich
abgefahren.

Frau Moreno:
Zeigen Sie uns den
Motorraum?

Der Verkäufer öffnet die Motorhaube.

Herr Moreno:
Der Motorraum ist gepflegt.

Der Verkäufer:
Möchten Sie eine Probefahrt machen?

Sie machen eine Probefahrt. Herr Moreno fährt.

Zuerst prüft er die Kupplung. Er legt den zweiten Gang ein und nimmt schnell den Fuß von der Kupplung. Das Auto stottert nicht nach. Die Kupplung ist in Ordnung.

Er lässt das Lenkrad kurz los und prüft die Spur.

Er hört den Motor. Das Auto hat auch keine Nebengeräusche und fährt ruhig.
Herr Moreno ist zufrieden und fährt zurück auf den Platz.

Sie steigen aus.

Herr Moreno drückt auf die Ecken der Kotflügel.
Das Auto federt nicht nach. Die Stoßdämpfer sind in Ordnung.

Herr Moreno:
Wie viel Benzin verbraucht das Auto denn auf 100 km?

Der Verkäufer:
Es braucht 8 Liter Super.

Herr Moreno:
Wie viel PS hat das Auto?

Der Verkäufer:
Es hat 60 PS.

Herr Moreno:
Wie viel kostet denn das Auto?

Der Verkäufer:
5.000 Euro.

Frau Moreno:
Aber wir brauchen bald neue Reifen.

Herr Moreno:
Für 4 500 Euro kaufe ich das Auto.

Der Verkäufer:
Na gut. Bezahlen Sie bar?

Herr Moreno:
Ich möchte mit EC-Karte bezahlen.
Machen wir auch einen Kaufvertrag?

Der Verkäufer holt einen Gebrauchtwagen -Kaufvertrag.
Er füllt den Vertrag aus.
Herr Moreno unterschreibt den Vertrag.

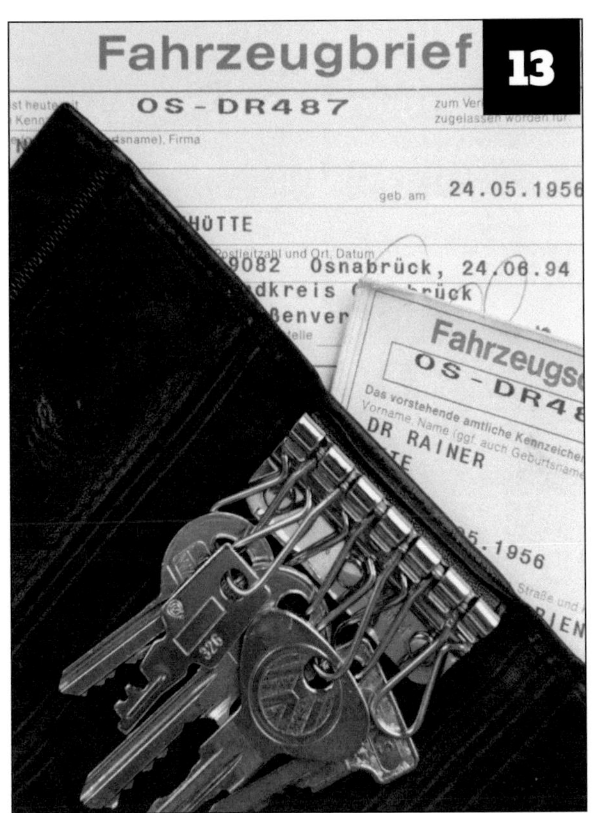

Der Verkäufer gibt Herrn Moreno den Kraftfahrzeugschein und den Fahrzeugbrief.

Der Verkäufer:
Das Auto ist noch auf meinen Namen angemeldet. Melden Sie es dann um?

Herr Moreno:
Gut. Ich lasse das Auto am Montag auf meinen Namen zu.

Der Verkäufer:
Schicken Sie mir die Abmeldebestätigung für meine Versicherung?

Herr Moreno:
In Ordnung.

Der Verkäufer gibt Herrn Moreno die Autoschlüssel.

Der Verkäufer:
Ich wünsche Ihnen gute Fahrt!

Herr Moreno:
Vielen Dank!
Auf Wiedersehen.

Aufgabe

Hören 47

Sehen Sie noch einmal im Text nach.
Beantworten Sie dann die Fragen.

2. Was fragen Sie den Verkäufer?

3. Was prüfen Sie, wenn Sie das Auto ansehen?

4. Was prüfen Sie bei der Probefahrt?

5. Was schreiben Sie unbedingt in den Vertrag?

6. Was brauchen Sie, wenn Sie das Auto zulassen?

Wie viel Uhr ist es?

Alte Uhren aus dem Uhrenmuseum Bad Iburg*

Wie spät ist es auf den Uhren?

Es ist genau .... Uhr.
Es ist ... Minuten nach ...
Es ist ... Minuten vor ...
Es ist halb ....
Es ist viertel nach ...
Es ist viertel vor ...

Hören 48

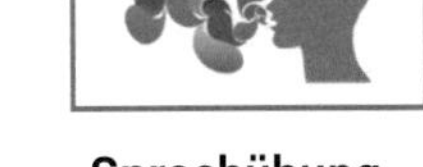

Sprechübung

* Die Uhr in der Mitte ist natürlich nicht aus dem Museum!

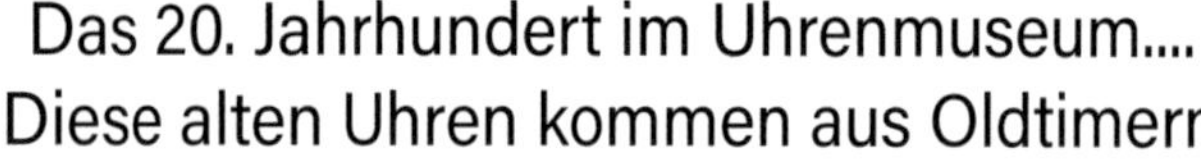

Das 20. Jahrhundert im Uhrenmuseum....
Diese alten Uhren kommen aus Oldtimern

Hören 49

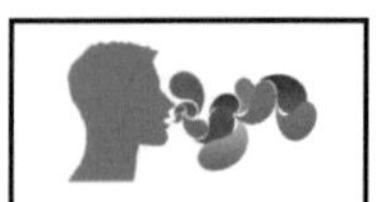

Sprechübung

Wie viel Uhr ist es auf diesen Uhren?

Abfahrtszeiten auf dem Bahnhof

Hören 50

„Wann kommt der Zug nach ... ?" - „Er kommt um..."

Departure **Abfahrt** Départ DB

Zeit		Zuglauf		Ziel	Gleis	Hinweis
12 02	IR	Bünde - Minden	Hannover - Braunschweig Magdeburg	BERLIN ZOO	11	etwa 10 Min später
12 06	SE	Ibbenbüren		RHEINE	13	
12 10	SE	Melle - Bünde	Herford	BIELEFELD	14	etwa 5 Min später
12 12	SE	Lengerich		MÜNSTER	4	
12 17	RB	Bramsche - Quakenbrück		OLDENBURG	12	Hält nicht überall
12 21	IC	Bremen - Hamburg	Hamburg-Altona - Niebüll	WESTERLAND	3	siehe Abfahrtplan
12 26	RE	Bohmte - Diepholz		BREMEN	5	
12 31	RB	Bramsche		DELMENHORST	13	
12 40	IC	Dortmund - Wuppertal - Köln	Bonn - Frankfurt Flughafen - Frankfurt (M) Hbf	NÜRNBERG	2	

Gleis 1. 11 - 14

Lesetext

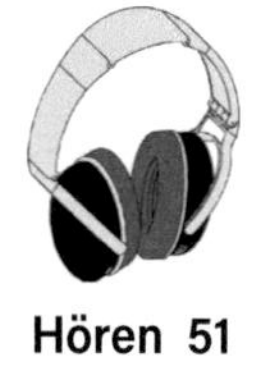

Hören 51

Familie Hoffmann ohne Mutter

Frau Hoffmann muss ins Krankenhaus.

a.) Bevor sie ins Krankenhaus geht, sagt sie ihrem Mann:

„Steh um sieben Uhr auf und mach das Frühstück.
Koch einen Kakao und einen Kaffee, schneide das Brot und deck den Tisch.

Weck die Kinder um viertel nach sieben.
Hilf Julia beim Anziehen und Waschen.
Mach Artur und Nelly ein Frühstücksbrot zum Mitnehmen.
Iss mit den Kindern um halb acht.

Geh mit Artur um viertel vor acht zum Kindergarten und bring Julia zur Tagesmutter.
Vergiss das Frühstücksbrot nicht."

Herr Hoffmann sagt: „Puh, das sind viele Aufgaben.
Ich wiederhole:..."

Helfen Sie ihm dabei:

Um sieben Uhr stehe ich ..... und ...

Um viertel nach sieben wecke ich ....
Um viertel vor acht gehe ich ....

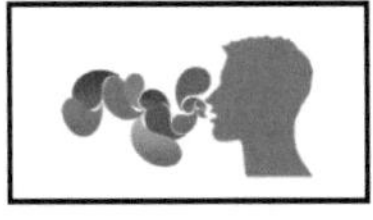

Sprechübung

b.) Auch die Kinder bekommen Aufgaben.
Zu den Kindern sagt sie:

Hören 52 **Lesetext**

„Seid brav und ärgert den Vater nicht.
Steht um viertel nach sieben auf und
helft dem Vater.

7

8

Svetlana, Nelly und Friedrich geht pünktlich zur Schule.
Kauft nach der Schule das Mittagessen ein,
holt Artur vom Kindergarten ab und
kocht das Mittagessen.
Macht eure Hausaufgaben und räumt euer Zimmer auf.

9

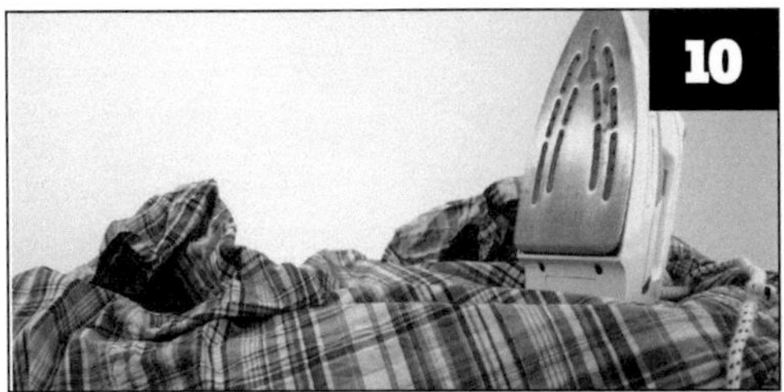

10

Svetlana, wasch bitte am Samstag die Wäsche,
häng sie auf und bügle sie am Sonntag.
Nelly hilf Svetlana bei der Wäsche, und
Friedrich, geh bitte einkaufen!"

Lesetext

Hören 53

c.) Am Wochenende hilft die Nachbarin der Familie.
Sie kocht und passt auf Julia und Artur auf.
Frau Hoffmann sagt zu der Nachbarin:

„Geben Sie bitte Friedrich am Sonntagmorgen den Einkaufszettel.
Gehen Sie mit Julia ein bisschen spazieren.
Legen Sie Julia nach dem Mittagessen eine Stunde ins Bett.
Aber machen Sie sich nicht zu viel Arbeit.
Die Kinder helfen gerne."

Textverstehen

Beachte:

Wenn man jemanden bittet, benutzt man den Imperativ.

a.) Wenn ich „du" sage, dann mache ich aus
du hilfst : „Hilf!"
du stehst auf : „Steh auf!"
usw.

b.) Wenn ich „ihr" sage, dann mache ich aus
ihr helft: „Helft!"
ihr steht auf: „Steht auf!"

c.) Wenn ich „Sie" sage, dann mache ich aus
Sie helfen: „Helfen Sie!"
Sie stehen auf: „Stehen Sie auf!"

a.) Was sagt Frau Hoffman zu Herrn Hoffmann?
b.) Was sagt Frau Hoffmann zu den Kindern?
c.) Was sagt Frau Hoffmann zu der Nachbarin?

Aufgabe:

Suchen Sie die Imperative aus den Lesetexten oben heraus.

d.) Herr Hoffmann fragt: „Wann haben die Kinder ihre Termine?"

Hören 54

Wann gehen Friedrich und Svetlana zum Förderunterricht?
Wann geht Artur in den Fußballverein?
Wann gehen Nelly und Artur in den Musikunterricht?

Lesetext

Frau Hoffmann weiß alle Termine:

„Am Dienstag und am Donnerstag
um viertel nach vier nachmittags
hat Svetlana Förderunterricht.
Sie kommt um sechs nach Hause."
Erinnere sie am Dienstag und Donnerstag.
Friedrich hat am Mittwoch und am
Donnerstag von halb vier bis fünf
nachmittags Förderunterricht.

12

Artur geht am Freitag um viertel vor
drei zum Fußball.
Pack Artur die Sporttasche und
gib Artur etwas zum Trinken mit.
Hol Artur um vier vom
Sportunterricht ab.

13

Nelly hat am Montag um viertel nach
zwei Klavierunterricht. Gib Nelly das
Geld mit.

14

Artur hat am Dienstag um viertel vor zwei
Musikunterricht. Bring Artur zur Musikschule.
Er geht um halb drei allein wieder nach Hause.

Hören 55

e.) Herr Hoffmann sagt zu seiner Frau:

„Das sind zu viele Termine, Elsa.
Schreib einen Stundenplan.
Ich hänge den Stundenplan in die Küche."

Textverstehen

Frau Hoffmann macht einen Stundenplan.

Was fehlt hier? Helfen Sie Frau Hoffmann!

Der Nachmittags-Stundenplan der Kinder

Montag	Dienstag	Mittwoch	Donnerstag	Freitag
14.15 Uhr ________	16.15-18.00 Svetlana Förder- unterricht	15.30-17.00 ________	________ Förder unterricht	________ Artur Fußball

In der Verbraucherzentrale

Lesetext

Hören 56

Versicherungen? Beratung beim Einkaufen?
Mietvertrag für eine Wohnung?
Wer da Fragen oder Probleme hat, geht zur Verbraucherberatung.
Die gibt es in jeder Stadt oder im Internet unter:

https://www.meine-verbraucherzentrale.de

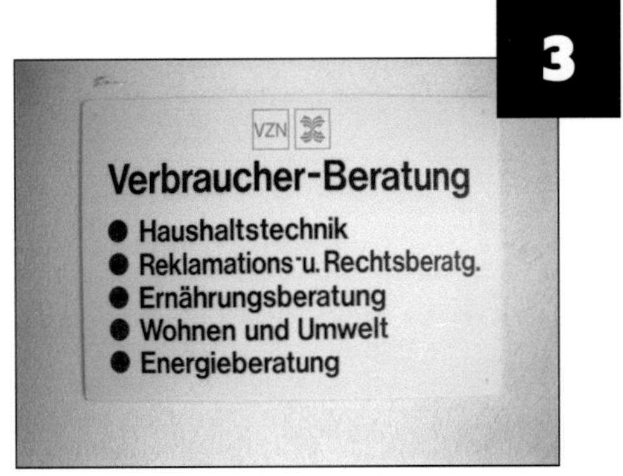

Herr Moreno und Herr Hoffmann suchen eine gute Versicherung für ihre neuen Autos. Sie gehen zur Verbraucherzentrale.

Herr Moreno:
Guten Tag. Wir haben einen Termin für ein Beratungsgespräch.

Eine Dame:
Guten Tag. Kommen Sie bitte herein.
Herr Bauer hat Zeit für Sie.

Herr Moreno und Herr Hoffmann gehen in das Büro von Herrn Bauer.

Herr Bauer:
Guten Tag.

Herr Hoffmann:
Guten Tag. Wir sind noch nicht lange in Deutschland.
Wir suchen eine gute Versicherung.

Herr Bauer:
Was möchten Sie denn versichern?

Herr Hoffmann:
Wir haben neue Autos.

Herr Bauer:
Sie brauchen also eine KFZ-Haftpflichtversicherung.

Herr Hoffmann:
Ja. Kosten denn alle Versicherungen gleich viel?

Herr Bauer:
Nein. Das ist wie im Supermarkt.
Wenn Sie Brot kaufen, dann gibt es in dem einen Supermarkt das Brot für 2,50 Euro, in einem anderen Supermarkt für 3,00 Euro und beim Bäcker vielleicht 4,00 Euro.
Auch Versicherungen haben verschiedene Tarife.

Herr Moreno:
Sind denn die teuren Versicherungen besonders seriös?

Herr Bauer:
Es gibt natürlich auch Betrüger, vor allem im Internet.
Gehen Sie lieber persönlich zu einer Versicherung.
Es gibt Betrüger, die sehr billig sind und sehr schlecht im Schadensfall bezahlen.
Aber es gibt auch teure Versicherungen, die schlecht sind.

Herr Moreno:
Welche Versicherung empfehlen Sie?

Herr Bauer holt einige Broschüren und Prospekte.

Herr Bauer:
Wir haben hier eine Marktübersicht. Lesen Sie diese Broschüren.
Die Versicherungstarife sind kompliziert. In jeder Stadt gibt es andere Tarife.
Auf dem Land sind Versicherungen billig, in der Großstadt sind sie teuer.
Welches Auto haben Sie denn?

Herr Moreno:
Einen gebrauchten VW Polo.

Herr Bauer erklärt Herrn Hoffmann und Herrn Moreno
die Tabellen der Autoversicherungen.

Aufgabe

Verstehen Sie den Text?

1. Was bekommen Sie von der Verbraucherzentrale?
2. Was ist ein Beratungsgespräch?
3. Wie heißt die Versicherung, die Sie für ihr Auto brauchen?
4. Kosten alle Versicherungen das gleiche?

Textverstehen

Hören 57

Lesetext

Hören 58

Herr Moreno und Herr Hoffmann finden eine günstige Versicherung und schreiben sich Name, Adresse und Telefonnummer auf.

Herr Moreno:
Was bezahlt denn eigentlich die Haftpflichtversicherung im Schadensfall?

Herr Bauer:
Wenn Sie einen Unfall haben und Schuld an dem Unfall sind, bezahlt die Versicherung den Schaden des Unfallgegners:

Die Reparatur des Autos, die Abschleppkosten des Autos, Schmerzensgeld bei Verletzung und alles, was die Krankenkasse dann nicht bezahlt.

Der Preis für die Reparaturkosten des Autos schätzt ein Gutachter. Auch das Gutachten bezahlt die Versicherung.

Wenn der Unfallgegner einen Mietwagen braucht, bezahlt das auch die Versicherung.

Herr Hoffmann:
Aber danach bezahle ich bestimmt viel Geld für die Versicherung, wenn die bei einem Unfall so viel bezahlen.

Herr Bauer:
Ja, natürlich.
Wenn Sie Schuld sind, wird die Versicherung nach dem Unfall teuer.

Herr Moreno:
Aber wer bezahlt dann mein eigenes Auto?

Herr Bauer:
Das bezahlen Sie selbst, wenn Sie keine Vollkasko-Versicherung haben.

Herr Hoffmann:
Was ist denn das?

Herr Bauer:
Es gibt Vollkasko-Versicherungen und Teilkasko-Versicherungen.

Wenn Sie eine Vollkasko-Versicherung haben,
dann bezahlt die Versicherung auch die Schäden an Ihrem Auto.

Sie bezahlt bei Unfall, aber auch bei Diebstahl.

Aber bei einer Vollkasko-Versicherung machen Sie eine Selbstbeteiligung aus.

Herr Hoffmann:
Was ist denn das? Selbstbeteiligung?

Herr Bauer:
Sie sagen zum Beispiel: Ich zahle 400 Euro bei Schäden selbst.

Wenn die Reparatur also 1000 Euro kostet,
dann bezahlen Sie 400 Euro und die Versicherung bezahlt 600 Euro.

Herr Moreno:
Brauchen wir eine Vollkasko-Versicherung?

Herr Bauer:
Nein, die Vollkasko-Versicherung ist sehr teuer.

Wenn Sie ein neues Auto haben, brauchen sie eine Vollkasko-Versicherung.

Aber wenn Sie ein billiges, gebrauchtes Auto haben, dann lohnt es sich nicht.

Ihr Auto kostet vielleicht 5 000 Euro und
die Versicherung vielleicht schon 2 500 Euro im Jahr.

Herr Moreno:
Ach, das lohnt sich nicht.

Herr Hoffmann:
Ja, und wer stiehlt schon ein altes und gebrauchtes Auto.

Das Telefon klingelt. Herr Bauer hat ein langes Gespräch.
Herr Moreno und Herr Hoffmann lesen die Broschüren der Verbraucherzentrale,

Hören 59

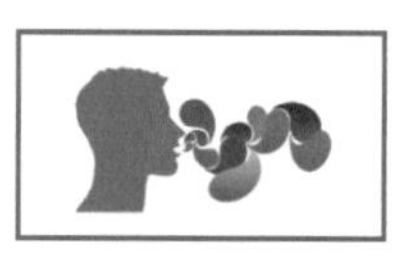

Sprechübung

Satzstrukturen: Wenn-Sätze üben

Wenn-Sätze sind sogenannte Nebensätze. Das Verb kommt am Ende! Üben Sie das mündlich.

Beispiel:

Ich kaufe Brot. -	Ich bezahle 3,50 Euro im Supermarkt .
Wenn / ich / Brot / kaufe,	bezahle / ich / 3,50 Euro im Supermarkt.
Subjekt - Objekt - Verb,	Verb - Subjekt - Objekt
NEBENSATZ MIT WENN	HAUPTSATZ NACH NEBENSATZ

Ebenso:

1. Sie kaufen ein gebrauchtes Auto. Wenn ich ein gebrauchtes Auto kaufe,	Sie fahren zum Autohändler. fahre ich ...
2. Sie suchen ein gebrauchtes Auto in der Zeitung. Wenn ich ein gebrauchtes Auto in der Zeitung ... ,	Sie lesen die Anzeigen am Samstag. lese ...
3. Wir prüfen das Auto. Wenn wir ...,	Wir machen eine Probefahrt. machen ...
4. Ich mache eine Probefahrt. Wenn ...,	Ich prüfe Kupplung, Spur, Geräusche. ...
5. Ich prüfe die Reifen.	Ich stecke einen Cent zwischen die Reifen.
6. Ich kaufe einen Gebrauchtwagen.	Ich mache einen Kaufvertrag.
7. Wir melden das Auto an.	Wir brauchen eine KFZ-Haftpflichtversicherung.
8. Ich suche eine günstige Versicherung.	Ich gehe zur Verbraucherzentrale.
9. Ich rechne den Preis aus.	Ich brauche eine Tarif-Übersicht.
10. Sie gehen zur KFZ-Zulassungsstelle.	Sie bringen den Personalausweis, die grüne Versicherungsdoppelkarte von Ihrer KFZ-Haftpflichtversicherung, den KFZ-Brief und den KFZ-Schein mit.

Sprechübung

Hören 60

Genitive üben

Genitive sagen etwas über den Besitzer einer Sache aus , drücken also aus, wer eine Sache besitzt.

Beispiele:	GENITIV
Der Unfallgegner hat einen Schaden.	Das ist der Schaden des Unfallgegners.
Die Verletzung kostet etwas.	Das sind die Kosten der Verletzung.
Das Auto ist in Reparatur.	Das ist die Reparatur des Autos.
Die Versicherungen haben Tarife.	Das sind die Tarife der Versicherungen.

Ebenso:

1. Die Verbraucherzentrale hat eine Adresse.	Das ist die Adresse ... Verbraucherzentrale.
2. Die Stadt hat eine Verbraucherzentrale.	Das ist die Verbraucherzentrale ...
3. Sie haben einen Termin für das Beratungsgespräch.	Das ist der Termin ...
4. Das Brot hat einen Preis.	Das ist der Preis ... Brotes.
5. Die Verbraucherzentrale hat Broschüren.	Das sind die Broschüren ...
6. Das Auto hat 50 PS.	Das sind die PS...
7. Der Verkäufer hat einen Gebrauchtwagen.	Das ist der Gebrauchtwagen ...
8. Eine Zeitung hat Anzeigen.	Das sind die Anzeigen ...
9. Der Käufer macht eine Probefahrt.	Das ist die Probefahrt ...
10. Herr Moreno hat eine Haftpflichtversicherung.	Das ist Herrn Morenos ...

Machen Sie einen Spaziergang und suchen Sie auf Plakaten, Schildern und in den Schlagzeilen von Zeitungen den Genitiv.

Lesetext

Hören 61

Herr Bauer kommt wieder und sagt:
Entschuldigen Sie. Ich habe nur noch wenig Zeit.
Eine Familie wartet draußen.
Sie braucht auch ein Beratungsgespräch.

Herr Moreno:
Wir haben keine Fragen mehr.

Herr Bauer:
Ich gebe Ihnen noch ein paar Ratschläge:
Lesen Sie zuerst den Vertrag der Versicherung.
Wenn Sie ganz sicher sind, dann unterschreiben Sie.
Wenn Sie unterschreiben, ist der Vertrag gültig und Sie müssen bezahlen.

Herr Moreno:
Und wenn ich den Vertrag am nächsten Tag kündige?

Herr Bauer:
Kündigen ist nicht so leicht.
Jeder Vertrag hat eine Laufzeit und eine Kündigungsfrist.
Im Vertrag lesen Sie den Kündigungstermin.
Lesen Sie zuerst den Vertrag und beachten Sie:
1. Laufzeit des Vertrages, nächster Kündigungstermin.
2. Was bezahlt die Versicherung im Schadensfall?
3. Wie viel bezahle ich jeden Monat oder jedes Jahr?

Herr Hoffmann:
Vielen Dank für die Beratung.
Wie viel kostet dieses Gespräch?

Herr Bauer:
Das Gespräch ist kostenlos.
Ich wünsche Ihnen viel Glück bei Ihren Versicherungen und
seien Sie vorsichtig!
Es gibt viele Betrüger.

Herr Moreno:
Ja, wir passen auf.
Vielen Dank.
Auf Wiedersehen.

Herr Bauer:
Auf Wiedersehen.

Herr Hoffmann:
Auf Wiedersehen.

Textverstehen

Herrn Bauers Ratschläge

Was rät Herr Bauer?
Fassen Sie zusammen.

Benutzen Sie dafür folgende Wörter.

Welcher? - Welche? - Welches?
dieser - diese - dieses

Hören 62

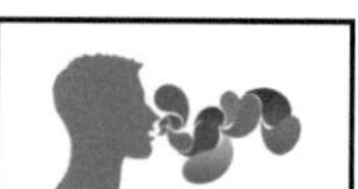

Sprechübung

Welcher Schlüssel?

Dieser Schlüssel!

Beispiele:

Der	Welcher Schlüssel ist das?	Dieser Schlüssel.
Die	Welche Versicherung ist das?	Diese Versicherung.
Das	Welches Auto ist das?	Dieses Auto.
Die (Pl.)	Welche Verträge sind das?	Diese Verträge.
Den	Welchen Schlüssel nehmen wir?	Diesen Schlüssel.

Ebenso:

1. Welch... Versicherung zahlt, wenn ich in Rente gehe?
2. Welch... Versicherung zahlt, wenn ich mit dem Auto einen Unfall mache?
3. Welch... Versicherung zahlt für meine Familie, wenn ich sterbe?
4. Welch... Versicherung zahlt, wenn ein Dieb in meine Wohnung kommt und den Computer stiehlt?
5. Welch... Versicherung zahlt, wenn meine Wohnung brennt?
6. Welch... Mensch braucht eine Risiko-Lebensversicherung?
7. Welch... Mensch braucht eine KFZ-Haftpflichtversicherung?
8. Welch... Mensch braucht eine Hausratversicherung?
9. Welch... Mensch braucht eine private Rentenversicherung?
10. Welch... Mensch braucht eine private Haftpflichtversicherung?
11. Welch... Versicherungen brauchen Sie ?
12. Welch... Termine haben Sie?

Kapitel 4
Wohnung

Abschnitt 1
Eine Wohnung suchen

Abschnitt 2
Eine Wohnung mieten

Abschnitt 3
Einziehen und anmelden

Abschnitt 4
Die Wohnung feiern

Wo wohnen die Deutschen?

Hören 63

Freies Gespräch

Sie wohnen in alten Mietshäusern in der Stadt. Diese Häuser sind oft schon 100 Jahre alt.

Sie wohnen in Nachkriegs-Mietshäusern aus den Fünfziger und Sechziger Jahren.

Sie wohnen in neuen Mietwohnungen oder in Eigentumswohnungen in neuen Stadtvierteln.

Sie wohnen im eigenen Haus in einer Siedlung am Stadtrand.

Sie wohnen in einem Hochhaus am Stadtrand oder einem Stadtviertel.

Sie wohnen in einem neuen Eigenheim in einer Neubau-Siedlung auf dem Land.

Familie Jonosa sucht eine Wohnung

Teil 1 Die richtige Anzeige finden

Familie Jonosa wohnt jetzt in einer Notwohnung. Sie suchen eine neue Wohnung. Familie Hoffmann hat schon eine Wohnung. Sie hilft Familie Jonosa bei der Wohnungssuche. Frau Jonosa besucht Frau Hoffmann. Sie sitzen zusammen in der Küche und trinken Kaffee und essen Kuchen.

Lesetext

Hören 64

Frau Jonosa:
Wie können wir eine schöne Wohnung finden?

Frau Hoffmann:
Sie können eine Anzeige in die Tageszeitung setzen.

Frau Jonosa:
Das ist eine gute Idee. Aber was sollen wir schreiben?

Frau Hoffmann: Was suchen Sie denn genau?
Wie viele Zimmer soll denn die Wohnung haben?

Frau Jonosa:
Wir brauchen ein Wohnzimmer, eine Küche, ein Badezimmer, ein Kinderzimmer, ein Schlafzimmer und vielleicht einen kleinen Balkon.

Frau Hoffmann: Das nennt man eine 3-Zimmer-Wohnung: Küche und Badezimmer zählt man nicht mit.

Frau Jonosa: Also schreiben wir:

Wir suchen eine 3-Zimmer-Wohnung.

Soll ich schreiben, dass wir Ausländer sind? Dann bekommen wir bestimmt keine Wohnung.

Frau Hoffmann: Ja, das ist schwierig. Wenn die Leute unseren ausländischen Akzent hören. dann wollen sie uns schon keine Wohnung mehr geben, auch wenn sie uns eigentlich nicht diskriminieren dürfen nach dem Gesetz.

Frau Jonosa: Wir müssen es versuchen. Schreiben wir:

> Junge Familie aus Burkina Faso sucht eine 3-Zimmer-Wohnung in der Stadt oder am Stadtrand.

Dazu schreibe ich noch unsere Telefonnummer und schicke das an die Zeitung.

Frau Jonosa: Was kostet das denn?
Frau Hoffmann: Das kostet ungefähr 20 Euro. Aber wir können ja zuerst einmal in die Tageszeitung sehen. Vielleicht finden wir ja schon eine interessante Wohnung.

Frau Hoffmann geht in das Wohnzimmer und holt die Tageszeitung.

Hören 65

Frau Hoffmann: Wohnungsanzeigen sind immer mittwochs und samstags in der Zeitung.

Svetlana kommt in die Küche und Frau Hoffmann sagt:
Heute ist Samstag. Lies doch mal die Wohnungsanzeigen vor, Svetlana.

Svetlana liest die Anzeigen:

03.05.2024 DIE ZEITUNG Vermietungen

3-Zimmer-Neubau Wohnung Osnabrück, Goethestraße, Erstbezug, 90m², Südbalkon. Auf Wunsch Tiefgaragen-Stellplatz, Miete 1365,- + NK
☎ 05156 - 138579

Bissendorf, schöne 3-Zimmer-Wohnung, 92m², 10 Euro pro m², mit Terrasse, Garten und Garage zu vermieten.
☎ 05402 -3992

Bad Rothenfelde, zentrale Lage, trotzdem Waldrand, 3 Zimmer, Küche, Bad, Terrasse, Gäste-WC, Kamin, ca.110 m², kalt 1050,- €.
☎ 05424 - 5110

Bad Laer 3 Zimmer, Küche, Bad, Balkon im 2-Familien-Haus in landschaftlich schöner Lage zu vermieten. 80m², 700 € kalt,
☎ 05403 - 9871

Bad Iburg, 3-Zi-Whg. in gepfl. 4-Familien-Haus, ruhige Lage, ansprechender Zuschnitt, 1.OG, gr. Balkon, Topzust., 63,5m², sofort oder später, 790 € zzgl. 2 KM Kaution. Mede Immobilien.
☎ 01791 - 543875102

Bramscher Berg, 3 ZKB, DG, 81m², KM 780 €, zu sofort.
☎ 05407 - 54911

Bramsche, 3 Zimmer, Küche, Bad, Loggia, 75m², gehobene Ausstattung, 750 €+NK, Garage zum 1. Juni zu vermieten.
☎ 05403 - 9871

Melle-Wellingholzhausen, 3 ZKB, 92m², ruhig, komfortabel, in schöner Umgebung. Gartenbenutzung. KM 980 €, ab 01.07. zu vermieten.
☎ 05429 - 1959

Melle, 3 ZKBB, Neubau, 85m², 1050 €+NK, Mai Immobilien.
☎ 05401 - 86 09 12 745

Osnabrück, Breite Straße, 3ZKB, 65m², KM 650€ +NK, DANAK Immobilien
☎ 0541 - 24 77 98 0123

Osnabrück-Westerberg 3 Zimmer-Wohnung, 88m², Neubau, Erstbezug, Parkett, Südbalkon, Aufzug, auf Wunsch Garage, 1495 € + NK, von privat zu vermieten.
☎ 01979 - 541 785 232

OS-Lüstringen, Stadtbus, Parterre, 3 Zimmer, Küche, Bad, Balkon, Keller, 95m² kalt, 955 €, Garage 50 €, keine Haustiere, Mietkaution.
✍ A98 469 H

Georgsmarienhütte, helle 3-Zi.-Wohnung, 64 m², (Dachgeschoss) in 3-Fam.-Haus, gute ruhige Wohnlage, neue Teppichböden, Gas-ZH, Kaltmiete 620,- + NK.
✍ A98 469 H

Osterkappeln, Neubau, ruhige zentrale Lage, 3ZKBB, WC, Abstellr., Keller, 85m² Wfl., 9 € pro m² ab sofort vom Bauherrn.
☎ 01729 - 71 89 012

Wallenhorst, Kleine Straße, 3-Zimmer-Penthouse Wohnung, 81m² plus 20 m² Dachterrasse in Südwestlage, Aufzug, Neubau.
✍ A98 469 H

OS-Schinkel, 3ZKB, 70m², KM 700 € + NK, WDZ - Immobilien.
✍ A 789 135 K

Verstehen Sie die Anzeigen?

Textverstehen

Hier gibt es Lesehilfen:

NK	Nebenkosten, das sind monatliche Kosten für Heizung, Wasser, Strom, Hausmeister, Müll usw.
zzgl NK	zuzüglich Nebenkosten, das bedeutet: + NK
KM	Kaltmiete, das ist der monatliche Mietpreis ohne Nebenkosten
EG	Erdgeschoss
1.OG	erstes Obergeschoss
DG	Dachgeschoss
Gäste-WC	Ein zweites WC in der Wohnung außer dem WC im Bad.
3-Zi. - Whg	3-Zimmer-Wohnung
3 ZKB	Die Wohnung hat 3 Zimmer und Küche und Bad.
3 ZKBB	Die Wohnung hat 3 Zimmer und Küche, Bad und Balkon.
Abstellr.	Ein Abstellraum ist ein kleines Zimmer für Vorräte, Putzmittel usw.
gr. Balkon	Großer Balkon.
90 m^2	Die Wohnung hat 90 Quadratmeter. Wenn Keller und / oder Balkon oder Terrasse dabei sind, dann zählen diese anteilig auch zur Größe.
Gas ZH	Die Wohnung hat eine Gas-Zentralheizung.
Topzust.	Topzustand heißt: Die Wohnung ist sauber und renoviert.
Erstbezug	Sie ziehen als erster in die neue Wohnung ein. Das Haus ist neu.
Mietkaution	Man muss etwas bezahlen, was man wieder zurückbekommt, wenn man wieder auszieht und nichts kaputtgegangen ist.

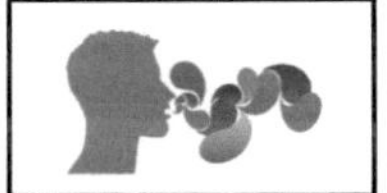

Sprechübung

Eine Lieblingswohnung finden

Sehen Sie sich die Anzeigen auf Seite 104 noch einmal an. Suchen Sie selbst etwas aus.

1. Eine Wohnung in schöner Natur.

2. Eine Wohnung mit besonderer Ausstattung.

3. Welche Wohnung gefällt Ihnen gar nicht. Sagen Sie, was Ihnen nicht gefällt.

4. Welche Wohnung gefällt Ihnen am besten? Sagen Sie, was Ihnen an dieser Wohnung gut gefällt.

Hören 66

Lesetext

Teil 2 Frau Jonosa muss telefonieren

Frau Jonosa:
Das sind ja interessante Anzeigen.
Wir müssen gleich einmal anrufen.
Die Wohnung in Bad Laer ist günstig.
Sie kostet nur 700 € und ist 80m^2 groß.

Frau Hoffmann:
Ja, rufen Sie an.
Vielleicht haben Sie Glück.

Frau Jonosa wählt:
05403 - 9871.

Frau Jonosa:
Oh je. Da ist besetzt.
Vielleicht rufen schon viele Leute an.

Frau Hoffmann:
Ja, das gibt es.
Manchmal ist es den ganzen Tag besetzt.

Frau Jonosa:
Gut. Dann versuchen wir es mit der Wohnung in Bad Iburg, Sie ist zwar klein....

Frau Hoffmann:
...ja, aber sie soll einen ansprechenden Zuschnitt haben.

Frau Jonosa:
Was ist denn ein ansprechender Zuschnitt?

Frau Hoffmann:
Ich glaube, die Zimmer liegen sehr praktisch und schön zusammen.

Frau Jonosa: Das müssen wir uns zuerst einmal ansehen.
Dann rufe ich an.

Frau Jonosa wählt: 01791 - 543875102.
Sie wartet und wartet.

Frau Jonosa:
Da ist niemand zu Hause.

Frau Hoffmann:
Ach, das kenne ich.
Meistens gehen die Vermieter nicht mehr ans Telefon, wenn sie schon einen Mieter haben.
Aber wir können es ja später noch einmal versuchen.

Frau Jonosa:
Versuchen wir es mit der Wohnung in Bramsche.
Sie ist auch sehr preiswert.

Frau Jonosa wählt: 05403 - 9871.
Es meldet sich eine Dame.

Eine Dame:
Stella.

Frau Jonosa:
Guten Tag. Hier spricht Jonosa.

Frau Stella: Ja, bitte.

Frau Jonosa:
Ich rufe an wegen der Anzeige in der Zeitung.
Ich interessiere mich für die 3-Zimmer-Wohnung in Bramsche.

Frau Stella:
Tut mir leid. Die Wohnung ist schon weg.

Frau Jonosa:
Das ist schade. Vielen Dank, auf Wiederhören.

Frau Stella:
Auf Wiederhören.

Frau Jonosa seufzt.

Frau Hoffmann:
Seien Sie nicht traurig. Das ist normal.
Auch Deutsche suchen oft
lang eine Wohnung.

Frau Hoffmann holt ihr Handy heraus.
Frau Hoffmann
Wir können auch im Internet suchen.
Da gibt es auch Wohnungsbörsen.
Da kann man sich anmelden und schreiben und man kann suchen.

Frau Hoffmann gibt in die Suchmaschine ein:

Wohnung mieten Osnabrück

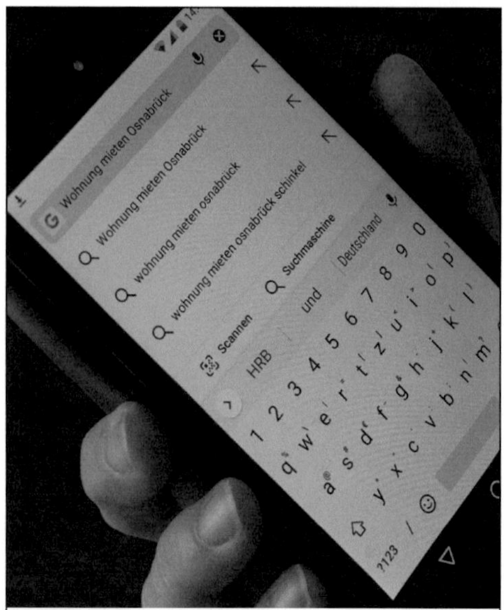

Sie finden viele Seiten von Immobilien-Maklern, aber auch von privat an privat.
Sie gehen auf die Seite wohnungsmiete.de.
Dort meldet sich Frau Jonosa an:
Sie schreibt Name und Telefonnummer in die Eingabe-Maske.

Sie liest die Anzeigen und findet ein interessantes Angebot:

> Schicke Neubau-Wohnung im Grünen!
> Rufen Sie an: 0172-97 18 901

Frau Jonosa wählt diese Nummer.
Es meldet sich ein Herr.

Ein Herr: Hansen.

Frau Jonosa:
Guten Tag, Herr Hansen.
Hier spricht Jonosa.

Herr Hansen:
Guten Tag.

Frau Jonosa:
Ich rufe wegen dem Wohnungsangebot auf wohnungsmiete.de an. Wir interessieren uns für die Neubau-Wohnung im Grünen. Ist die Wohnung noch frei?

Herr Hansen:
Ja. Das ist ein Mehrfamilienhaus mit fünf 3-Zimmer-Wohnungen, zwei 2-Zimmer-Wohnungen und drei 1-Zimmer-Wohnungen. Die 1- und 2-Zimmer-Wohnungen sind schon weg.
Wir haben aber noch zwei 3-Zimmer-Wohnungen.
Möchten Sie die Wohnungen ansehen?

Frau Jonosa:
Ja sehr gerne.

Herr Hansen:
Die Wohnungen sind aber noch nicht fertig.
Der Einzugstermin ist September.

Frau Jonosa:
Oh, das ist noch sehr lange.
Aber wir möchten uns die zwei Wohnungen gerne einmal ansehen.
Dürfen wir vorbeikommen?

Herr Hansen:
Ja, gerne, kommen Sie morgen Nachmittag um 15.00 Uhr?

Frau Jonosa: In Ordnung. Wo liegt denn das Haus?

Herr Hansen:
Das Haus liegt: Im Wiesengrund 15. Wenn Sie nach Osterkappeln kommen, dann gleich an der Tankstelle rechts.

Frau Jonosa::
Das finde ich schon. Ich sehe im Handy auf den Stadtplan von google maps.

Herr Hansen:
Gut, dann bis morgen. Auf Wiederhören.

Frau Jonosa:
Auf Wiederhören.

Aufgaben

1. Sehen Sie sich noch einmal die Fotos der letzten vier Seiten an und erzählen Sie mit Hilfe der Bilder.

2 Suchen Sie jetzt eine Anzeige aus Ihrer Tageszeitung oder aus einer Internetseite aus. Was sagen Sie am Telefon, wenn Sie auf eine Anzeige anrufen? Spielen Sie Dialoge.

Teil 3 Auf eine Anzeige schriftlich antworten

Lesetext Hören 67

Frau Jonosa:
Ich möchte nicht bis September warten. Was gibt es noch auf wohnungsmiete.de?

Frau Hoffmann:
In Kloster Oesede gibt es eine sehr schöne Wohnung. Sie ist aber im Dachgeschoss, aber sie hat neue Laminatböden. Sie brauchen keinen Boden kaufen und verlegen. Das ist immer sehr teuer. Die Wohnung ist günstig. Sie kostet nur 620 € kalt.
Die Gaszentralheizung spart Nebenkosten.

Frau Jonosa:
Ja, das ist sehr schön. Aber hier steht keine Telefonnummer.

Frau Hoffmann:
Ja, sie müssen an den Vermieter schreiben. Hier ist die Adresse.

Frau Jonosa:
Ach, da antwortet bestimmt keiner, wenn wir schreiben.
Wer möchte schon Ausländer in der Wohnung haben.

Frau Hoffmann:
Nein, nicht alle denken so. Vielleicht haben Sie Glück? Sie müssen alles versuchen.
Schreiben wir zusammen einen Brief.

Sehr geehrte Damen und Herren,
für die 3-Zimmer-Wohnung in Kloster Oesede interessieren wir uns sehr.
Wir sind eine junge Familie aus Burkina Faso. Seit zwei Jahren wohnen wir in Osnabrück.
Wir haben drei kleine Töchter. Sie sind sechs und drei Jahre und ein Jahr alt.
Ich bin Lehrerin von Beruf. Mein Mann ist Arzt.
Wir brauchen dringend eine Wohnung. Zur Zeit wohnen wir noch in einer Notwohnung.
Wir freuen uns sehr auf Antwort. Sie können uns gerne schreiben oder anrufen.
Unsere Telefonnummer ist: 0540177 99 123. Wir sind abends nach 17.00 Uhr gut erreichbar.
Mit freundlichen Grüßen,
Maria Jonosa.

Jetzt laden Sie noch ein schönes Foto von der ganzen Familie hoch und schicken es ab. Vielleicht antworten die Leute ja.

Schreiben

Aufgabe:
Schreiben Sie einen Brief an einen Vermieter Ihrer Lieblingswohnung.

Familie Jonosa mietet eine Wohnung

Teil 1 Eine Vermieterin ruft an

Hören 68

Lesetext

Familie Jonosa hat Glück. Schon am Mittwoch bekommen sie eine Antwort.
Das Telefon klingelt.

Frau Jonosa: Maria Jonosa. Guten Abend.

Eine Dame: Renate Heimann mein Name. Guten Abend Frau Jonosa.
Sie interessieren sich für die Wohnung in Kloster Oesede?

Frau Jonosa: Oh ja. Ich freue mich sehr über Ihren Anruf.

Frau Heimann: Die Wohnung wird im nächsten Monat frei.

Frau Jonosa: Schön! Dürfen wir die Wohnung denn bald einmal ansehen?

Frau Heimann: Ja natürlich. Zur Zeit wohnt da noch ein Ehepaar.
Sie sind beide berufstätig. Abends nach 18.00 Uhr können wir die Wohnung besichtigen. Wollen Sie morgen vorbeikommen?

Frau Jonosa: Ja, sehr gerne. Können Sie mir noch die Adresse geben?

Frau Heimann: Selbstverständlich. Die Wohnung liegt in der Forellenstraße 103.

Frau Jonosa: Das finde ich auf den Stadtplan. Wir kommen dann um 18.00 Uhr.

Frau Heimann: Gut. Dann bis morgen!

Frau Jonosa: Ja, vielen Dank und einen schönen Abend noch. Auf Wiederhören.

Frau Heimann: Danke, ebenfalls und auf Wiederhören.

Familie Jonosa ist sehr glücklich. Sie freuen sich auf den Donnerstag.

Was sagen Sie am Telefon?

Spielen Sie verschiedene Situationen.

1. Sie suchen einen Nachmieter für Ihre Wohnung.
Jemand ruft an und möchte die Wohnung besichtigen und vielleicht mieten. Was sagen Sie?

2. Sie bekommen eine Antwort auf Ihr Schreiben von einem Vermieter oder einer Vermieterin.
Sie sollen anrufen, stellen Fragen und machen einen Termin aus.

3. Sie haben einen Besichtigungstermin für heute Nachmittag um 15.00 Uhr, können aber erst morgen kommen.
Sie rufen den Vermieter/die Vermieterin an und fragen nach einem neuen Termin aus.

4. Sie rufen Ihren Vermieter an. Sie wollen ihre Wohnung kündigen. Sie haben eine größere und schönere Wohnung gefunden.

Hören 69

Brauchen Sie Hilfe? Beispielsätze gibt es auf Audio!

Teil 2

Hören 70 **Lesetext**

Familie Jonosa besichtigt eine Wohnung

Es ist Donnerstag. Schon um halb sechs ist die ganze Familie Jonosa in der Forellenstraße.

Herr Jonosa: Das Haus ist aber hübsch und gepflegt, ein schöner Garten, eine ruhige Straße.

Frau Jonosa: Aber wo können wir einkaufen? Gibt es hier einen Supermarkt oder einen Bäcker?

Fate: Gibt es hier auch einen Spielplatz?

Herr Jonosa: Das können wir uns ja gleich ansehen.

Wie haben noch Zeit. Wollen wir einen kleinen Spaziergang machen?

Frau Jonosa: Ja, sehr gerne.

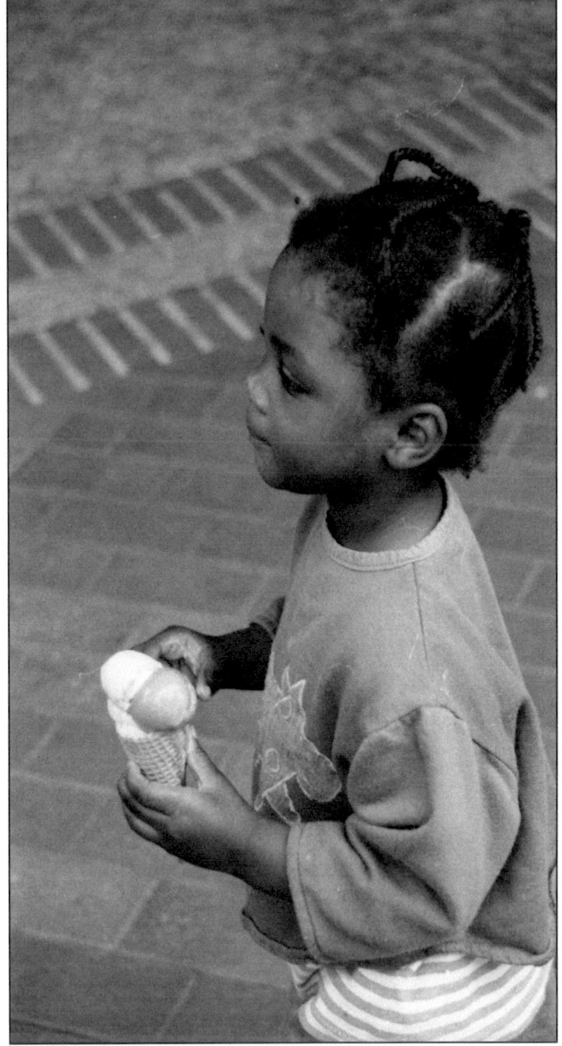

Familie Jonosa geht eine halbe Stunde spazieren.

Sie finden einen Bäcker, einen Supermarkt, eine Post, eine Bank und einen Spielplatz.

Sie sind sehr zufrieden.

Frau Jonosa spielt ein bisschen mit Bimata und Abi auf dem Spielplatz.

Herr Jonosa holt mit Fate noch ein Eis für die Kinder.

Um sechs Uhr gehen sie wieder in die Forellenstraße 103.

Ein großes Auto hält vor dem Haus.
Eine Dame steigt aus.

Frau Heimann: Guten Tag, Heimann.
Sind Sie Familie Jonosa?

Herr Jonosa: Guten Tag. Ja, wir sind Familie Jonosa. Das sind unsere Töchter Bimata, Fate und Abi.

Frau Heimann: Hallo! Gefällt es euch hier?

Bimata: Ja, hier gibt es auch einen Spielplatz.

Frau Jonosa: Wir kommen gerade von einem kleinen Spaziergang. Das ist wirklich eine schöne Wohngegend. Auch Bäcker, Supermarkt, Bank und Post sind in der Nähe.

Frau Heimann Ja, das ist nicht schlecht.
Wollen wir ins Haus gehen?

Frau Heimann klingelt.
An der Sprechanlage meldet sich eine Dame.

Frau Koch: Koch, wer ist da, bitte?

Frau Heimann: Hier ist Heimann.
Guten Abend, Frau Koch. Ich bin mit den neuen Mietern hier.
Dürfen wir reinkommen?

Frau Koch: Ja, bitte.

Der Türöffner summt.

Frau Heimann und Familie Jonosa gehen ins Haus.

Der Türöffner summt.
Frau Heimann und Familie Jonosa gehen ins Haus.

Frau Heimann:
Wir müssen ganz nach oben gehen. Die Wohnung liegt im Dachgeschoss. Unten im Erdgeschoss wohnt auch eine Familie. Sie haben zwei Kinder und einen Hund. Haben Sie Angst vor Hunden?

Frau Jonosa: Oh nein. Einen Hund in der Wohnung gibt es in Deutschland ja sehr oft. In Burkina Faso ist das nicht so.

Frau Heimann: Ich bin nicht so glücklich mit dem Hund. Er macht im Garten so viel Schmutz.
Hier im ersten Stock wohnt ein älteres Ehepaar. Sie sind sehr ruhig, aber sie wollen auch keinen Lärm haben.

Frau Jonosa: Die Kinder sind sehr ruhig.

Frau Heimann: Ich glaube, die beiden alten Leute mögen Kinder sehr gerne. Sie sprechen oft mit den Kindern von unten.

Verstehen Sie den Text?

Hören 71

Textverstehen

1. Wie ist die Wohngegend der Forellenstraße?
2. Wer wohnt im Erdgeschoss des Hauses?
3. Wer wohnt im ersten Stock des Hauses?
4. Was mögen die Leute vom ersten Stock und was mögen sie nicht?

Erzählen Sie!

Freies Gespräch

1. In welcher Gegend wohnen Sie?
2. Welche Nachbarn haben Sie?

Hören 72

Lesetext

Teil 3 Das Gespräch mit den Vormietern

Frau Heimann und Familie Jonosa sind da.
Frau Koch wartet schon an der Türe.

Frau Heimann: So, da sind wir. Guten Abend, Frau Koch. Darf ich vorstellen, das ist Familie Jonosa.

Frau Koch: Guten Abend. Komen Sie doch herein.

Herr Jonosa: Guten Abend.

Frau Heimann: Dürfen wir uns gleich die Zimmer ansehen, Frau Koch?

Frau Koch: Ja, selbstverständlich.

Frau Heimann: Das ist der Flur.
Der Laminatboden ist in allen Zimmern wie neu.

Frau Koch: Wir wohnen erst seit einem Jahr hier.
Der Boden ist also erst ein Jahr alt.
Mein Mann bekommt jetzt eine gute Arbeit in Hamburg, deshalb müssen wir umziehen.

Frau Heimann: Hier rechts geht es ins Badezimmer. Der Wasserhahn ist kaputt, aber wir lassen ihn reparieren, bevor Sie einziehen.

Frau Jonosa: Oh, die Toilette ist aber auch
schon ziemlich abgenutzt.

Frau Koch: Ja, sie ist schon zwanzig Jahre alt.
Man kann den Urinstein nicht mehr entfernen.
Außerdem ist das Wasser hier sehr kalkhaltig.

Frau Heimann: Ja, die Toilette muss ich auswechseln.
Gut. Gehen wir in die Küche.

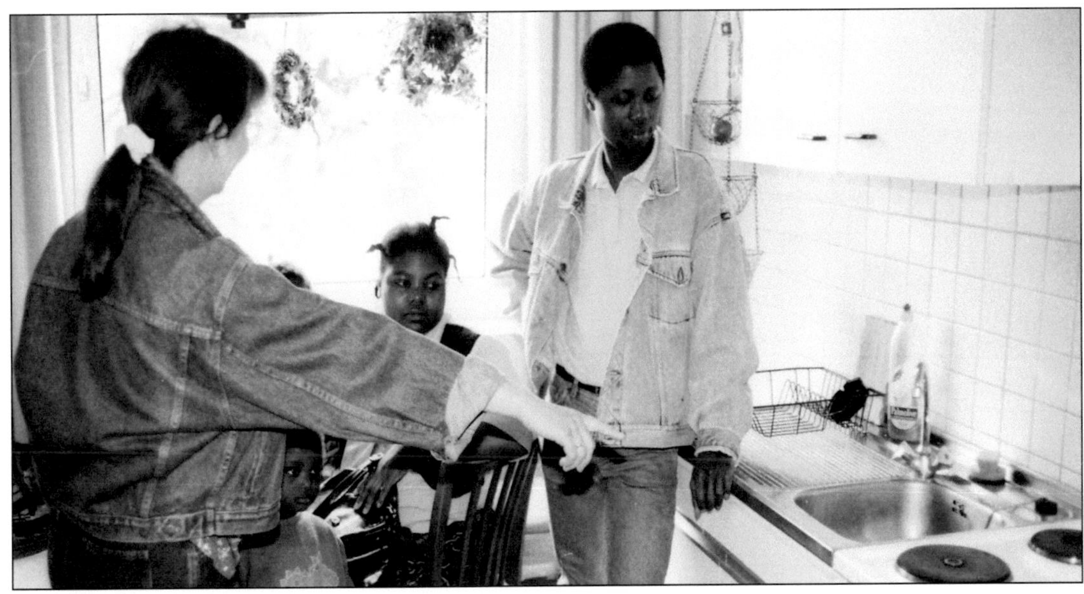

Frau Koch: Der Herd und die Spüle gehören zur Wohnung. Sie bleiben hier.

Frau Heimann: Sie müssen beides natürlich sauber halten.

Herr Jonosa: Schön, da haben wir schon Herd und Spüle. Wir sind noch nicht lange in Deutschland und müssen jetzt so viele Möbel kaufen.

Frau Koch: Ich zeige Ihnen noch das Wohnzimmer. Brauchen Sie noch Sessel? Wir kaufen uns eine neue Sitzgarnitur. Wollen Sie unsere Sessel haben? Wir verschenken sie.

Herr Jonosa: Oh ja, sehr gerne. - Mensch, das Wohnzimmer ist ja groß.

Frau Jonosa: Ja, und so hell.

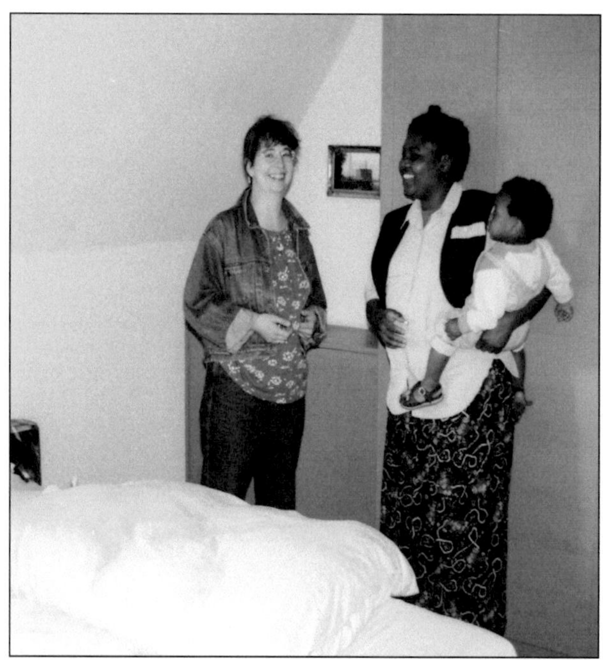

Frau Koch: Schlafzimmer und Kinderzimmer sind nicht so groß.

Herr Jonosa: Das macht nichts. Die Wohnung gefällt mir wirklich sehr gut.

Frau Jonosa: Ja, sie ist wunderschön.

Verstehen Sie den Text?

Textverstehen

1. Wie sieht das Badezimmer aus?
2. Was muss die Vermieterin im Badezimmer noch reparieren?
3. Was muss die Vermieterin ersetzen?

4. Wie sieht die Küche aus?
5. Was bleibt in der Küche?

Hören 73

6. Wie sieht das Wohnzimmer aus?
7. Was verschenkt Familie Koch?

8. Warum sind Schlafzimmer und Kinderzimmer nicht so schön wie das Wohnzimmer?

Erzählen Sie!

Freies Gespräch

1. Wie sieht Ihre Wohnung aus?
2. Wie muss Ihre Traumwohnung aussehen?

Teil 4 Den Einzug besprechen

Hören 74

Lesetext

Frau Heimann: Nun, ich möchte noch gerne wissen, wie lange Sie in der Wohnung bleiben möchten. Ich suche Leute, die hier lange wohnen.

Herr Jonosa: Also wir wollen gerne sehr lange bleiben.

Frau Heimann: Schön. Dann machen wir doch gleich einen Mietvertrag.

Frau Jonosa: Ja, aber wir sprechen noch nicht so gut Deutsch. Wir wollen den Vertrag zuerst zu Hause lesen und dann unterschreiben.

Frau Heimann: Gut. Ich muss sowieso erst das Bad reparieren lassen. Dann machen wir ein Übergabeprotokoll. Lesen Sie den Mietvertrag. Am Monatsende machen wir die Übergabe. Familie Koch will schon am 25. ausziehen.

Frau Jonosa: Müssen wir etwa für den Laminatboden bezahlen?

Frau Heimann: Das weiß ich nicht. Sprechen Sie mit Frau Koch. Wenn Sie den Boden aber nicht wollen, dann muss Familie Koch den Bodenmitnehmen.

Herr Jonosa: Wir wollen den Boden gern nehmen, wenn er nicht zu teuer ist.

Frau Koch: Nein, wir machen einen guten Preis. Wir telefonieren noch.

Herr Jonosa: Gut, ich gebe Ihnen meine Handynummer. Wenn Familie Koch am 25. auszieht, können wir dann am 26. die Übergabe machen?

Frau Heimann: In Ordnung. Rufen Sie mich an und sagen Sie mir, wann Sie kommen wollen. Haben Sie meine Handynummer und meine Adresse?

Herr Jonosa: Nein, noch nicht.

Frau Heimann gibt Herrn Jonosa ihre Visitenkarte.
Sie verabschieden sich und Familie Jonosa fährt glücklich nach Hause.

Textverstehen

Verstehen Sie den Text?

1. Was ist ein Mietvertag?
2. Gibt es auch in Ihrem Heimatland schriftliche Mietverträge?
3. Muss Familie Jonosa den Laminatboden von Familie Koch kaufen?
4. Was ist ein Übergabeprotokoll?
5. Warum möchte der Vermieter ein Übergabeprotokoll machen`
6. Warum möchte der Mieter ein Übergabeprotokoll machen?

Schreiben

Einen Mietvertrag ausfüllen

Laden Sie sich im Internet einen kostenlosen Mietvertrag herunter und füllen Sie ihn für Familie Jonosa und Frau Heimann aus.

a. Wer ist Vermieter? Wer ist Mieter?
b. Wer muss den Mietvertrag unterschreiben?
....

Freies Gespräch

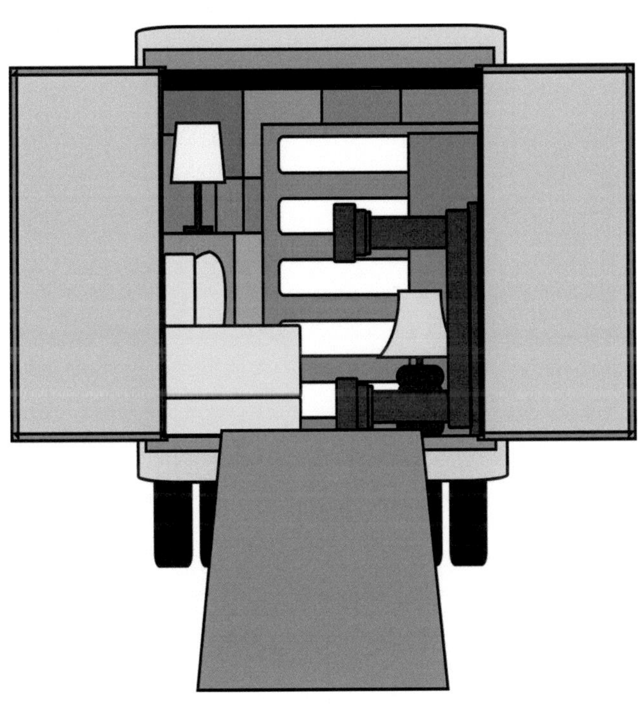

Was muss man tun, wenn man umzieht?

Erzählen Sie!

Familie Jonosa zieht um

Lesetext

Frau Jonosa sammelt Kartons aus dem Supermarkt.
Morgen ziehen sie in die neue Wohnung. Sie können endlich einpacken.
Familie Hoffmann und Familie Moreno helfen.

Hören 75

Die Frauen stehen in der Küche. Frau Hoffmann wickelt Teller, Tassen und Schüsseln in Zeitungspapier und packt das Geschirr vorsichtig in einen Karton. Frau Jonosa wickelt die Gläser ein und packt sie in einen anderen Karton.
Frau Moreno packt die Töpfe und Pfannen ein. Dann nimmt sie die Messer, Gabeln und Löffel und gibt das Besteck in den Karton.

Hören 76

Aufgabe
1. Sehen Sie die Fotos aus der Küche an. Was sehen sie?
2. Was müssen die Frauen in die Kartons packen?

Herr Jonosa und Herr Hoffmann packen die Bücher und ein paar CDs ein und schrauben die Regale von der Wand. Herr Moreno steckt den CD-Player, das Radio und den Fernseher aus.

Svetlana nimmt die Wäsche aus dem Schrank, legt sie zusammen und packt sie in einen Karton.

Friedrich packt das Spielzeug ein: Den Teddybären von Abi, Bilderbücher von Bimata und ein paar Spielzeugautos von Fate. Nelly geht mit Julia, Artur, Bimata, Fate, Abi, Isabell und Laura auf den Spielplatz.

Hören 77

Am nächsten Morgen mietet Herr Jonosa einen kleinen Transporter. Herr Moreno und Herr Hoffmann bringen die Kartons. Herr Jonosa stapelt sie im Transporter.

Sie haben nur wenig Möbel. Ein großes Doppelbett, ein Kinderbett, eine Kommode für die Wäsche, einen Kühlschrank und einen kleinen Gaskocher. Alles andere gehört zur
Notwohnung. Sie müssen auch den Tisch und die Stühle hierlassen.

Frau Jonosa, Frau Hoffmann und Frau Moreno sind schon in der Forellenstraße. Sie machen ein paar belegte Brote. Die Männer kommen mit den Kartons und den Möbeln. Sie müssen sich auf den Boden setzen und essen.

Dann müssen sie noch einmal losfahren. Die Kirche verschenkt und verkauft günstig alte Möbel. Sie holen dort einen Esstisch und Stühle, ein altes Sofa und ein kleines Tischchen. Sie bekommen sogar einen Kleiderschrank und einen kleinen Wohnzimmerschrank. Nur für die Küche haben sie noch keinen Geschirrschrank. Die Männer laden die Möbel in den Transporter und fahren zurück. Die Möbel sind schwer und sie müssen sie bis ins Dachgeschoss tragen.

Am Abend sind Herr Moreno, Herr Hoffmann und Herr Jonosa sehr müde. Bimata und Nelly holen bei einem Imbiss ein paar Würstchen und Brötchen. Dann packen die Kinder Bücher, CDs und Gläser in die Schränke. Das Geschirr lassen sie noch im Karton. Sie haben noch keinen Platz.

Sie packen die Kartons aus.

Vieles aber ist durcheinander.

Sie müssen sortieren.

Der Teddybär, die Spielzeugautos und die Bilderbücher gehören Bimata, Fate und Abi.

Sie kommen ins Kinderzimmer.

Das Geschirr gehört Herrn und Frau Jonosa. Es kommt in die Küche.

Die CDs und die Bücher gehören Herrn und Frau Jonosa. Sie kommen ins Wohnzimmer.

Das große Doppelbett gehört Herrn und Frau Jonosa. Es kommt in ihr Schlafzimmer.

Die Röcke, Kleider, Blusen und Kostüme gehören Frau Jonosa. Sie kommen in ihren Schrank.

Die Hosen, Hemden, Jacken und Anzüge gehören Herrn Jonosa. Sie kommen in seinen Schrank.

Frau Hoffmann bringt ein Bilderbuch ins Wohnzimmer. „Halt!", ruft BImata. „Das ist mein Bilderbuch!" -
„Oh, Entschuldigung, Bimata. Natürlich ist das dein Bilderbuch. Es kommt in dein Kinderzimmer."

Frau Moreno fragt Frau Jonosa: „Frau Jonosa, ist das Ihre Jacke oder die Jacke Ihres Mannes?" -
„Das ist meine Jacke.", antwortet Frau Jonosa.

Alles ist fertig. Frau Hoffmann ruft ihre Kinder: „Kommt Kinder! Nehmt eure Jacken! Wir fahren nach Hause."

Lesetext

Eine Wohnung anmelden

Herr Jonosa geht auf die Gemeinde

Hören 78

Am nächsten Morgen liest Herr Jonosa in der Zeitung in den Kleinanzeigen:

> Verkaufe Geschirrschrank günstig!
> Telefon: 054 01 - 88 77 11

Er ruft gleich an. Der Geschirrschrank ist noch nicht weg. Er kann den Schrank noch heute Vormittag abholen.- Der Verkäufer gibt Herrn Jonosa die Adresse und sie machen einen Termin um 11.00 Uhr aus.

Vorher geht Herr Jonosa noch auf die Gemeinde. Er muss den neuen Wohnsitz anmelden. Er geht auf das Einwohnermeldeamt.

Herr Jonosa muss eine Nummer aus einem Automaten ziehen und warten.
Er hat die Nummer 52. Nach wenigen Minuten liest er auf einem Leuchtschild:

52 bitte ins Zimmer 108.

Herr Jonosa geht ins Zimmer 108. Dort sitzt eine junge Dame an einem Schreibtisch.

Herr Jonosa: „Guten Tag. Ich möchte meinen neuen Wohnsitz anmelden."

Die Dame: Guten Tag. Wie heißen Sie?

Herr Jonosa: ich heiße Aliba Jonosa,

Die Dame: Wann sind Sie geboren?

Herr Jonosa: Ich bin am vierundzwanzigsten neunten neunzehnhundertachtundachtzig geboren.

Die Dame: Wo sind Sie geboren?
Herr Jonosa: In Burkina Faso.
Die Dame: Welche Staatsangehörigkeit haben Sie?
Herr Jonosa: Ich habe die Staatsangehörigkeit von Burkina Faso.
Die Dame: Haben Sie eine Aufenthaltsgenehmigung?

Herr Jonosa zeigt seine Papiere.

Die Dame: Gut. Seit wann wohnen Sie in der neuen Wohnung?
Herr Jonosa: Seit dem ersten vierten diesen Jahres.
Die Dame: Wie lautet Ihre neue Adresse?
Herr Jonosa: Forellenstraße 104 in Kloster Oesede.

Die Dame tippt in den Computer.

Die Dame: Haben Sie noch eine Zweitwohnung?
Herr Jonosa: Nein.
Die Dame: Welche Familienangehörigen wohnen bei Ihnen?
Herr Jonosa: Meine Frau, Maria Jonosa und meine Töchter Bimata, Fate und Abi.
Die Dame: Wann und wo ist Ihre Frau geboren?
Herr Jonosa: Am vierzehnten zweiten neunzehnhundertzweiundneunzig in Burkina Faso.
Die Dame: Hat sie auch die Staatsangehörigkeit von Burkina Faso?
Herr Jonosa: Ja.

Die Dame: Wann und wo sind Ihre Töchter geboren?

Herr Jonosa: Bimata ist am siebzehnten elften zweitausendachtzehn in Burkina Faso geboren.
Fate ist am dritten fünften zweitausendzwanzig auch in Burkina Faso geboren.
Abi ist am fünften ersten zweitausendzweiundzwanzig in Osnabrück geboren.

Die Dame: So, das ist alles.
Brauchen Sie eine Meldebescheinigung?
Ich kann sie ausdrucken.

Herr Jonosa: Ja, bitte.

Hören 79

Wohngeld beantragen

Familie Jonosa geht auch noch zum Wohngeldamt der Gemeinde. Die Familie hat nicht viel Geld und die Wohnung kostet jetzt 770 € mit Nebenkosten. Das ist sehr viel Geld. Sie wollen Wohngeld beantragen. Jede Familie in Deutschland kann Wohngeld beantragen. Auch wenn man arbeitet, aber die Miete zu hoch ist, kann man Wohngeld bekommen. Das ist aber meistens dann nur noch ein kleiner Zuschuss.

Bei der Wohngeldabteilung bekommt Familie Jonosa ein Formular. Das müssen sie ausfüllen.

Am nächsten Tag gibt Familie Jonosa es gleich wieder ab. Ein paar Tage später bekommen sie einen Brief vom Wohngeldamt. Die Familie bekommt nun jeden Monat 150 € Wohngeld.

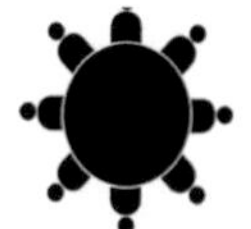

Freies Gespräch

Aufgabe:

1. Lesen Sie das Schild am Rathaus. (Foto links). Wer arbeitet im Rathaus?

2. Was kann man auf dem Rathaus erledigen?

3. Schauen Sie im Internet gemeinsam auf die Homepage Ihrer Gemeinde und verleichen Sie.

Lesetext

Hören 80

Familie Jonosa weiht ihre neue Wohnung ein

Es klingelt an der Türe. Herr und Frau Hoffmann sind mit ihren fünf Kindern da. Sie bringen kleine Geschenke mit. Herr Hoffmann überreicht Frau Jonosa einen schönen Blumenstrauß. Frau Hoffmann schenkt ihr ein Kochbuch. Herr Jonosa bekommt von Herrn Hoffmann eine praktische Armbanduhr und Frau Hoffmann schenkt ihm eine Krawatte. Nelly und Svetlana bringen ihnen einen Kuchen mit. Artur schenkt Bimata und Fate ein Malbuch mit Farben. Herr und Frau Hoffmann schenken ihnen Schokolade.

Dann klingelt es noch einmal an der Türe und Familie Moreno kommt. Auch sie bringen kleine Geschenke mit. Frau Moreno schenkt Frau Jonosa eine schöne Kaffeekanne, Herr Moreno schenkt ihr ein hübsches Halstuch und die kleine Laura überreicht ihr einen kleinen Blumenstrauß und ruft: „Herzlichen Glückwunsch zu Ihrer neuen Wohnung!" - Herr Moreno schenkt Herrn Jonosa eine CD mit spanischer Gitarrenmusik und Frau Moreno bringt ihm einen Bildband über Deutschland mit. Bimata bekommt von Isabell eine Puppe. Herr und Frau Moreno schenken Bimata ein Bilderbuch, Fate einen Teddybären und Abi eine Spieluhr und auch einen kleinen Teddybären.

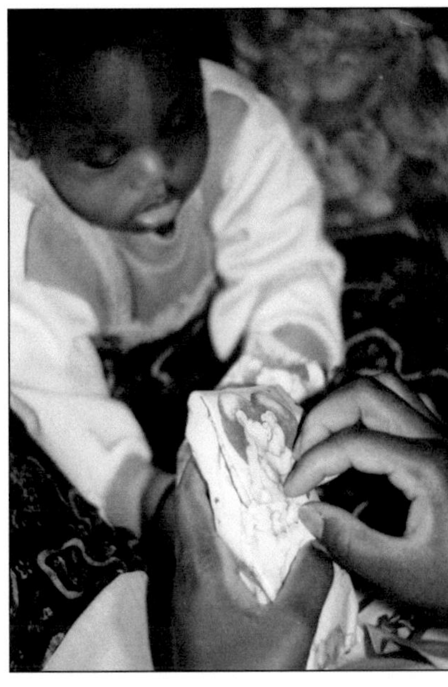

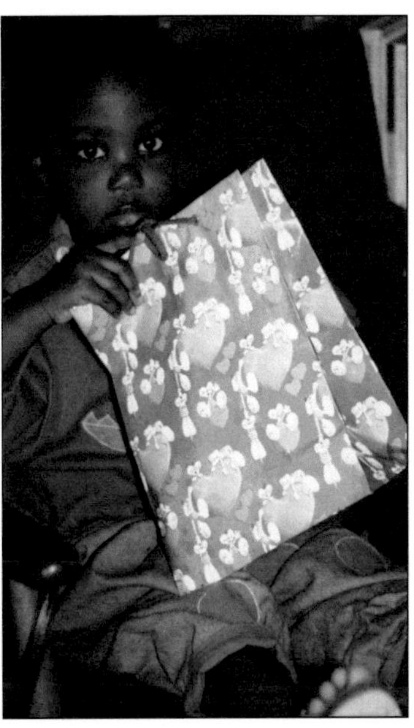

Frau Jonosa: Das sind ja schöne Geschenke! Vielen Dank!
Aber legen Sie doch gleich Ihre Garderobe ab.
Legen Sie die Mäntel und Jacken aufs Bett.
Wir haben noch keine Garderobe im Flur.

Die Gäste legen die Mäntel ins Schlafzimmer.

Herr Jonosa: Kommen Sie ins Wohnzimmer, meine Frau hat das Essen fertig.

Frau Jonosa: Leider haben wir noch wenig Stühle.
Für die Kinder gibt es nur Klappstühle.

Frau Hoffmann: Ach, das macht doch nichts.

Herr Moreno: Oh, was ist denn das?
Sind das afrikanische Spezialitäten?

Frau Jonosa: Ja, probieren Sie es.
Lassen Sie es sich schmecken! Guten Appetit.

Frau Jonosa verteilt das Essen, Herr Jonosa die Getränke.

Später spielen die Kinder zusammen und die Eltern unterhalten sich, lachen und weinen und erzählen viel aus ihrem Heimatland.

Ein afrikanisches Büffet!

Kapitel 5

Wo oder wohin?

Abschnitt 1
Herr Moreno sucht das Jobcenter

Abschnitt 2
Was gibt´s im BIZ?

Abschnitt 3
Im Jobcenter

Abschnitt 4
Schriftliche Bewerbung

Herr Moreno sucht das Jobcenter

Hören 81 Lesetext

Teil 1 Herr Moreno möchte heute zum Osnabrücker Jobcenter gehen. Er braucht einen neuen Job. Aber er weiß nicht, wo das Jobcenter ist. Er parkt sein Auto in der Katharinenstraße vor dem Heger-Tor-Wall. Dann fragt er sich durch.

Herr Moreno: Entschuldigen Sie bitte, können Sie mir sagen, wo das Jobcenter ist?

Ein Radfahrer: Tut mir leid, ich bin nicht von hier.

Herr Moreno geht in Richtung Innenstadt und kommt an der Katharinenstraße vorbei. Dann geht er rechts in die Straße „Am Ledenhof". Dort steht das Gebäude der Industrie- und Handelskammer. Vielleicht liegt das Jobcenter ja neben dem IHK-Gebäude?

1. Aufgabe **Leseverstehen**

Textverstehen

Kreuzen Sie die richtige Antwort an.
Benutzen Sie dafür den Antwortbogen im Übungsbuch.
Er bereitet Sie auf den Abschlusstest für Zuwanderer vor.

Deutsch-Test-für-Zuwanderer
Antwortbogen und Lösungsbogen im Übungsbuch (Lösungen Kapitel 5)

Welche Aussage passt zu diesem Satz?

1. Herr Moreno sucht das Jobcenter.

[a] Er sucht eine Arbeit.

[b] Er möchte sich arbeitslos melden.

[c] Er möchte nicht mehr in Deutschland arbeiten.

Setzen Sie den richtigen Artikel im Dativ oder Akkusativ ein.

2. Herr Moreno kommt an __________ Katharinenkirche vorbei.

[a] die

[b] der

[c] den

3. Dort geht er rechts in __________ Straße „Am Ledenhof".

[a] die

[b] der

[c] den

4. Das Jobcenter liegt vielleicht neben _______ IHK Gebäude.

[a] der

[b] dem

[c] das

2. Aufgabe **Recherche:**

Internet

In welcher Stadt wohnt Herr Moreno?

Wenn Sie die Stadt wissen, dann suchen Sie die Katharinenstraße
und den Heger-Tor-Wall bei Google Maps oder einem anderen Stadtplan.

Hören 82

Teil 2

Herr Moreno geht über die Kamp-Straße.
Auf der anderen Straßenseite steht ein großes Gebäude.
Ist das vielleicht das Jobcenter?

An der Tür hängt ein Schild „Universität Osnabrück" und „Erich-Maria-Remarque-Archiv". - „Aha", denkt Herr Moreno, „Remarque kommt also aus Osnabrück?" - „Im Westen nichts Neues" ist Herrn Morenos Lieblingsbuch.

Vor der Universitätsbibliothek stehen zwei junge Leute.
Herr Moreno versucht es noch einmal.
„Das sind bestimmt Studenten und die müssen doch oft in den Ferien arbeiten."

3. Aufgabe **Leseverstehen**

Textverstehen

Kreuzen Sie die richtige Antwort an.
Benutzen Sie dafür den Antwortbogen im Übungsbuch.
Er bereitet Sie auf den Abschlusstest für Zuwanderer vor.

Deutsch-Test-für-Zuwanderer
Antwortbogen und Lösungsbogen im Übungsbuch (Lösungen Kapitel 5)

Welche Aussage passt zu diesem Satz?

1. Herr Moreno steht vor der Universität.

[a] Er möchte dort studieren.

[b] Er möchte sich ein Buch von Remarque ausleihen.

[c] Er denkt an sein Lieblingsbuch.

Setzen Sie den richtigen Artikel im Dativ oder Akkusativ ein.

2. Herr Moreno geht über _________ Kampstraße.

[a] die

[b] der

[c] den

3. Auf _________ anderen Straßenseite steht ein großes Gebäude.

[a] die

[b] der

[c] den

4. Vor _________ Universität stehen zwei junge Leute.

[a] der

[b] dem

[c] das

Internet

4. Aufgabe **Recherche:**

1. Verfolgen Sie Herrn Morenos Weg von der Katharinenstraße bis zur Universität auf dem Stadtplan.

2. Aufgabe für Fortgeschrittene***
   Schauen Sie im Internet nach:
   a.) Wer ist Remarque? Worüber geht der Roman „Im Westen nicht Neues"?
   b.) Was ist die IHK?

Hören 83

Teil 3

Herr Moreno:
Entschuldigen Sie bitte.
Ich suche das Jobcenter.

Erster Student:
Wollen Sie Zeitarbeit?

Herr Moreno:
Was ist denn das?

Zweiter Student:
Das sind befristete Tätigkeiten, zum Beispiel für Studenten.

Erster Student:
Es gibt auch befristete Stellen für die Ferien, das sind meistens Aushilfstätigkeiten.

Herr Moreno:
Und bei Aushilfstätigkeiten vertrete ich jemanden, wenn er krank ist?

Zweiter Student:
Ja, und es gibt auch Schwangerschaftsvertretungen, wenn eine Frau in Mutterschutz geht.

Erster Student:
Es gibt aber auch Elternzeit für Väter, wenn das Kind da ist.

Zweiter Student:
Aushilfstätigkeiten gibt es aber auch, wenn man in der Firma kurzfristig ein paar Leute zusätzlich braucht.

Erster Student:
Ja, das ist meistens Saisonarbeit.

5. Aufgabe **Leseverstehen**

Textverstehen

Kreuzen Sie die richtige Antwort an.
Benutzen Sie dafür den Antwortbogen im Übungsbuch.
Er bereitet Sie auf den Abschlusstest für Zuwanderer vor.

Deutsch-Test-für-Zuwanderer
Antwortbogen und Lösungsbogen im Übungsbuch (Lösungen Kapitel 5)

1. Zeitarbeit ist

a Arbeit für kurze Zeit.

b Arbeit für lange Zeit.

c Arbeit mit täglich pünktlichen Anfangs- und Endzeiten.

2. Aushilfstätigkeit ist

a ist Arbeit, bei der man Menschen in Not hilft.

b Arbeit, bei dem man jemanden vertritt, der gerade nicht da ist.

c Arbeit, bei der man keine Hilfe bekommt.

3. Mutterschutz ist

a der Schutz der Schwangeren bei der Arbeit.

b die Zeit am Ende der Schwangerschaft und ein Jahr nach der Geburt. Da arbeiten Mütter nicht.

c die Zeit, in der Mütter bei der Arbeit Hilfe bekommen.

4. Elternzeit ist

a die Zeit, in der nur Väter zu Hause beim Kind sein dürfen.

b. die Zeit, in der nur Mütter zu Hause beim Kind bleiben dürfen.

c. die Zeit, in der entweder Mütter oder Väter oder beide beim Kind bleiben dürfen.

6. Aufgabe

Freies Gespräch

Gibt es Mutterschutz und Elternzeit auch in Ihrem Herkunftsland?
Erzählen Sie und vergleichen Sie die Situation mit Deutschland.

Hören 84

Teil 4

Herr Moreno:
Ich brauche erst einmal eine gute Beratung.
Deshalb möchte ich einen Termin mit dem Arbeitsberater vereinbaren.

Zweiter Student:
Nun, die Agentur für Arbeit und das Jobcenter befinden sich auf der anderen Seite der Stadt. Da müssen Sie noch weit gehen. Man kann den ganzen Weg schwer beschreiben. Gehen Sie zunächst die Kamp-Straße hinunter in Richtung Neumarkt. Sie kommen an eine große Straße. An den Bushaltestellen gibt es eine Fußgängerunterführung. Da stehen immer sehr viele Menschen. Fragen Sie dort, wie Sie weitergehen sollen. Vielleicht können Sie auch einen Bus nehmen.

Herr Moreno: Vielen Dank.

Herr Moreno geht hinter das Bibliotheksgebäude. Er sieht das Straßenschild „Kamp-Straße". Die Straße liegt zwischen einem Parkplatz und dem Bibliotheksgebäude. Ein kleiner Weg hinter der Kamp-Straße führt Herrn Moreno zum Neumarkt. Die Straße ist sehr laut. Viele Autos fahren hier. An den Bushaltestellen stehen viele Menschen.

7. Aufgabe

Was fragt Herr Moreno die junge Dame?
Was antwortet sie?

Spielen Sie die Szene.

Hören 85

Teil 5

Herr Moreno fragt einen Herrn.

Herr Moreno:
Entschuldigen Sie bitte.
Wie komme ich zum Jobcenter?

Der Herr:
Wollen Sie den Bus nehmen?

Herr Moreno:
Wie lange gehe ich denn zu Fuß?

Der Herr:
So ungefähr 20 Minuten.

Herr Moreno:
Ach, das schaffe ich zu Fuß.

Der Herr:
Gehen Sie hier immer geradeaus.
Da vorne ist der Berliner Platz.
Am Berliner Platz gehen Sie über die Straße.
Dann gehen Sie geradeaus weiter.
Sie kommen an die Bahnlinien.
Die Straße führt unter die Brücke.
Hinter der Brücke ist die Alte Poststraße.
Dort gehen Sie rechts in die Buersche Straße.
In dieser Straße liegt das Gebäude auf der linken Seite.

Herr Moreno:
Also ich muss immer geradeaus und dann hinter der Brücke rechts in die Buersche Straße gehen.

Der Herr:
So ist es. Es ist eigentlich ganz einfach.

Herr Moreno:
Vielen Dank.

Der Herr:
Bitte, bitte. Keine Ursache.

Nach 20 Minuten steht Herr Moreno vor dem Gebäude.
Aber die Tür ist geschlossen!
Nein! - Sie sind umgezogen.
Das Jobcenter ist am Johannistorwall.

Internet

8. Aufgabe **Recherche:**

1. Verfolgen Sie den ganzen Weg auf dem Stadtplan.

2. Wo ist das Jobcenter wirklich? Beschreiben Sie den Weg.

3. Wo ist das Jobcenter in Ihrer Stadt / in Ihrer Region?
   Beschreiben Sie den Weg.

Herr Moreno ist müde und will jetzt nicht zum Johannistorwall gehen.
Er geht nach Hause und schaut ins Internet. Dort findet er die Telefonnummer und macht am Telefon einen Termin mit einem Arbeitsberater aus.

Aufgabe 9

Herr Moreno telefoniert mit dem Jobcenter.
Was sagen er und der Arbeitsberater?
Spielen Sie einen Dialog.

Aufgabe 10
Was bekommt man im Jobcenter?

Vom Jobcenter bekommt man Arbeitslosengeld I oder II.
Vom Jobcenter bekommt man Arbeit.

Recherchieren Sie auf der lokalen Seite eines Jobcenters im Internet und präsentieren Sie Ihre Ergebnisse auf einem Plakat.

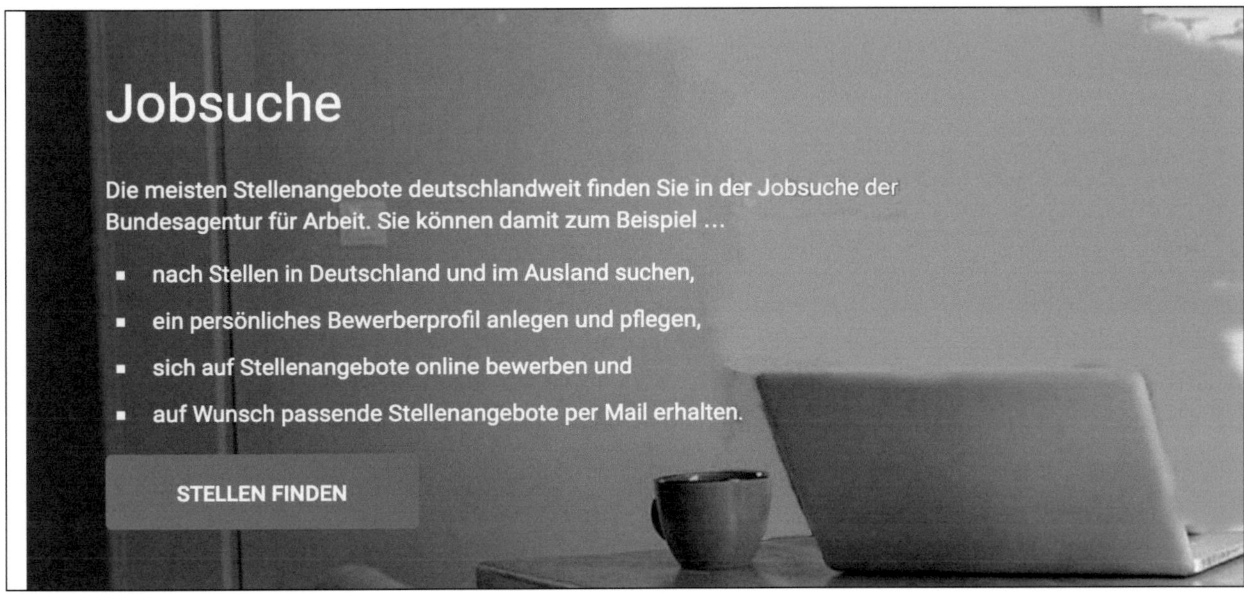

Lesetext

Hören 86

Was gibt's im BIZ?

Herr und Frau Hoffmann gehen mit ihren Kolleginnen und Kollegen aus dem Sprachkurs ins Berufsinformationszentrum der Bundesagentur für Arbeit.

Frau Hoffmann möchte sich informieren. Sie ist Buchhalterin von Beruf. Sie muss aber ihren Beruf in Deutschland erst anerkennen lassen. Von der Industrie- und Handelskammer bekommt sie vielleicht eine Berufsanerkennung. Aber auch wenn ihr Beruf in Deutschland anerkannt ist, bekommt sie nur schwer eine Arbeit.

„In Deutschland arbeiten sie anders", sagt sie, „Sie haben eine andere Arbeitsweise. Die ganze Arbeitswelt sieht anders aus."

Frau Hoffmann muss also noch viel lernen. Sie muss Fortbildungskurse machen. Vielleicht hilft das Jobcenter und sie bekommt Geld für eine Fortbildung. Sie möchte auch einen Termin mit ihrem Arbeitsberater vereinbaren. Aber zuerst möchte sie sich über ihren Beruf in Deutschland informieren und selbst wissen, welche Fortbildungskurse es in der Osnabrücker Region gibt.

1. Aufgabe Mein Beruf

Präsentieren

Bereiten Sie einen kurzen Vortrag über ihren Beruf vor. Benutzen Sie dafür das Wörterbuch und schreiben Sie sich ein paar Stichwörter auf.

1. Was muss man für Ihren Beruf lernen?
2. Was macht man in Ihrem Beruf?
   Beschreiben Sie typische Tätigkeiten.
3. Was mögen Sie an Ihrem Beruf besonders?

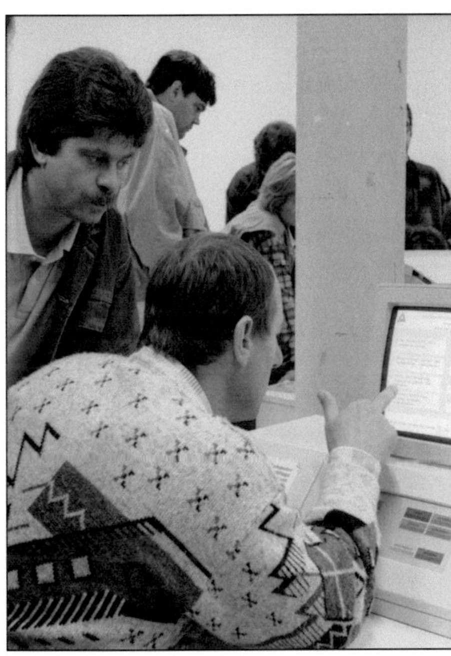

Hören 87

Auch die anderen Teilnehmer des Sprachkurses sind sehr interessiert.
Was muss man in Deutschland in ihren Berufen können und wissen?
Wie arbeitet man in Deutschland in ihren Berufen?

Sie erfahren alles über Ausbildung und Studium, beruflichen Tätigkeiten und Anforderungen, Weiterbildung, Umschulung und Entwicklungen am Arbeitsmarkt in Deutschland. Jeder kann sich alleine informieren und das alles kostenlos.

In kleinen Filmen kann man etwas über bestimmte Techniken und Entwicklungen in der Arbeitswelt erfahren. Die Teilnehmer des Sprachkurses sehen in den Computern kleine Filme über Berufe, Reportagen, Beschreibungen und Interviews. Sie sprechen miteinander über die Filme.

Dann finden sie im Computer einen spannenden Test: Welcher Beruf passt zu mir?

Nun muss man aber auch wissen, wo man diesen Beruf lernen kann? Sie finden Informationen, welche Betriebe in der Region welche Berufe ausbilden und wie man sich um einen Ausbildungsplatz bewerben kann.

An speziellen Computer-Arbeitsplätzen können sie nach Stellenangeboten suchen, Zeugnisse einscannen oder die Bewerbungsunterlagen ausdrucken. Außerdem erhalten sie Tipps, wie sie Ihre Bewerbung verbessern und im Vorstellungsgespräch überzeugen können. Sie erfahren außerdem, wie man eine schriftliche Bewerbung schreibt.

Dann gibt es eine Datenbank für Aus- und Weiterbildung. Wenn man einen neuen Beruf haben will, braucht man eine Umschulung. Wenn man für seinen Beruf noch etwas dazulernen muss, dann braucht man eine Fortbildung.

Im Computer kann man selbst Bildungsangebote abfragen oder die richtige Umschulung oder Fortbildung heraussuchen. Außerdem aber gibt es Broschüren und Informationsmappen zu den vielen Hunderten von Berufen in Deutschland.

Die Teilnehmerinnen und Teilnehmer aus dem Sprachkurs finden kurze Beschreibungen der Berufe, der Ausbildungen, der Verdienstmöglichkeiten, der Beschäftigungsaussichten, der Weiterbildungsmöglichkeiten und eine Literaturliste zu weiteren Informationen für ihren Beruf.

Außerdem gibt es Bücher und Zeitschriften über die deutsche Arbeitswelt und natürlich über die richtige Bewerbung, über Arbeitszeugnisse und über Eignungstests

Herr Hoffmann geht zur Info-Theke des BIZ. Dort erfährt er von einer freundlichen Mitarbeiterin auch von Veranstaltungsterminen im BIZ. So kann man zum Beispiel in einem Workshop erfahren, wie man nach vielen Absagen doch noch eine neue Stelle finden kann. Gibt es Tricks oder mache ich was falsch? Man kann dort Gespräche spielen und üben.

Braucht man meinen Beruf nicht? Ist eine Umschulung notwendig? Wie komme ich in eine andere Branche? Auch das kann man in Vorträgen erfahren. Besonders interessant findet Herr Hoffmann, dass es sogenannte Berufsmessen gibt. Dort kann man ebenfalls einen Arbeitgeber kennen lernen.

Die Mitarbeiterin zeigt ihm die Veranstaltungsdatenbank im Computer.

Schließlich aber sagt sie zu ihm: „Nichts ersetzt aber den Termin beim Berufsberater oder der Berufsberaterin, der oder die Ihnen ganz persönlich sagen kann, wie es weitergeht und welche Chancen Sie auf dem Arbeitsmarkt haben. Wir brauchen dringend bestimmte Fachkräfte in Deutschland. Suchen Sie genau da, wo man Sie braucht und Sie werden Erfolg haben."

Textverstehen

2. Aufgabe **Leseverstehen**

Kreuzen Sie die richtige Antwort an.
Benutzen Sie dafür den Antwortbogen im Übungsbuch.
Er bereitet Sie auf den Abschlusstest für Zuwanderer vor.

Deutsch-Test-für-Zuwanderer

Antwortbogen und Lösungsbogen im Übungsbuch (Lösungen Kapitel 5)

1. Warum gehe ich zum BIZ?

a Ich kann meinen Beruf anerkennen lassen.
b Ich bekomme eine Arbeit.
c Ich erfahre alles über meinen Beruf in Deutschland.

2. Was sind Informationsmappen?

a Das sind Mappen, in die ich meine Bewerbung hineinlegen kann.
b Für einzelne Berufe gibt es Mappen. Dort lesen wir zum Beispiel, wie viel man in Deutschland in diesem Beruf verdient.
c Das sind Listen von Firmen, die eine Umschulung anbieten.

3. Welche Filme gibt es im BIZ?

a Filme über bestimmte Firmen.
b Filme über die Arbeit der Agentur für Arbeit.
c Filme über bestimmte Berufe.

4. Was bedeutet: „ein persönliches Bewerberprofil anlegen"?

a Ich kann mir im Computer anschauen, auf welche Stellen sich andere Bewerber schon bewerben.
b Ich kann mir im Computer einen Account erstellen und den können andere Bewerber sehen.
c Ich kann mir im Computer einen Account erstellen und Fimen können mir eine Stelle anbieten.

5. Eine schriftliche Bewerbung

a ... muss ich allein zu Hause schreiben.
b. ... kann ich beim BIZ schreiben und mir dabei helfen lassen.
c. ... liest keiner. Man muss telefonieren oder zu den Firmen hin gehen.

Lesetext

Hören 88

Im Jobcenter

Herr Moreno hat heute einen Termin im Jobcenter. Wer Hilfe vom Jobcenter möchte, muss sich zuerst dort melden. Wenn man keine Arbeit mehr hat und Arbeitslosengeld I oder II bekommen möchte, geht man zum Jobcenter. Herr Moreno hat noch einen Sprachkurs und möchte danach eine gute Arbeit finden.

Der Arbeitsvermittler gibt seine Daten im Computer ein.

Der Arbeitsvermittler: Was sind Sie von Beruf?
Herr Moreno: Ich bin Klempner.
Der Arbeitsvermittler: Wie schreibt man Ihren Namen?
Herr Moreno: M-O-R-E-N-O
Der Arbeitsvermittler: Dankeschön und wie lautet Ihr Vorname?
Herr Moreno: Antonio.
Der Arbeitsvermittler: Ihre Adresse bitte.
Herr Moreno: Glückstraße 14 in 49074 Osnabrück.
Der Arbeitsvermittler: Wann sind Sie geboren?
Herr Moreno: Ich bin am 14.02.1987 geboren.
Der Arbeitsvermittler: Sind Sie verheiratet?
Herr Moreno: Ja, ich bin verheiratet und habe zwei kleine Töchter.
Sie sind drei und fünf Jahre alt.
Der Arbeitsvermittler: Bitte geben Sie mir Ihre Telefonnummer.
Herr Moreno: Meine Telefonnummer ist 055541 / 77 12 14
Der Arbeitsvermittler: Welche Staatsangehörigkeit haben Sie?
Herr Moreno: Ich bin Spanier.
Der Arbeitsvermittler: Haben Sie einen Führerschein?
Herr Moreno: Ja, ich habe Führerschein Klasse 3.
Der Führerschein ist in Deutschland anerkannt.

Der Arbeitsvermittler schreibt in den Computer die Abkürzung F.Kl. 3.

Der Arbeitsvermittler: Haben Sie ein Auto?
Herr Moreno: Ja.
Der Arbeitsvermittler: Haben Sie irgendwelche gesundheitlichen Einschränkungen? Zum Beispiel: Allergien, Diabetes oder anderes?
Herr Moreno: Nein, ich bin zum Glück ganz gesund.
Der Arbeitsvermittler: ... und Sie suchen eine Stelle als Klempner.
Herr Moreno: Ja, aber ich muss nicht unbedingt als Klempner arbeiten.
Der Arbeitsvermittler: Ja, das ist am Anfang sicherlich schwer. Sie müssen ja erst die Sprache perfekt können. Arbeiten Sie das erste Mal in Deutschland?
Herr Moreno: Ja.
Der Arbeitsvermittler: Na, dann herzlich willkommen in Deutschland!
Ich brauche noch Ihren Bildungsweg und einen Nachweis Ihrer Beschäftigungsverhältnisse. Am besten schreiben Sie uns einen Lebenslauf. Ich gebe Ihnen einen Musterlebenslauf mit. Wir machen mit Ihnen einen Vertrag und legen in unserem Computer ein Bewerberprofil an. Wenn wir etwas für Sie finden, melden wir uns. Aber wir haben sehr viele Arbeitssuchende im Computer. Sie müssen sich auch selbst um Arbeit kümmern. Bringen Sie Ihre Zeugnisse, Lebenslauf usw. beim nächsten Termin mit. Ich gebe ihnen jetzt einen neuen Termin.

Herr Moreno: Vielen Dank.

Der Arbeitsvermittler gibt ihm einen Termin. Herr Moreno muss aber auch jeden Tag in seinem Bewerberprofil im Computer nachsehen. Vielleicht meldet sich eine Firma oder er findet selbst eine interessante Stelle. Außerdem sucht er auch in der Zeitung nach Arbeitsstellen.

1. Aufgabe

Hören 89

Spielen Sie selbst diese Situation.

Antworten Sie auf die Fragen des Arbeitsvermittlers.

1 ❍ Was sind Sie von Beruf?
✱ ...
2 ❍ Ist Ihr Beruf in Deutschland anerkannt?
✱ ...
3 ❍ Wie schreibt man Ihren Namen. Bitte buchstabieren Sie.
✱ ...
4 ❍ Wie ist Ihr Vorname?
✱ ...
5 ❍ Wie lautet Ihre Adresse?
✱ ...
6 ❍ Wann sind Sie geboren?
✱ ...
7 ❍ Sind Sie verheiratet?
✱ ...
8 ❍ Wie ist Ihre Telefonnummer?
✱ ...
9 ❍ Welche Staatsangehörigkeit haben Sie?
✱ ...
10 ❍ Haben Sie einen Führerschein?
✱ ...
11 ❍ Haben Sie ein Auto?
✱ ...
12 ❍ Haben Sie irgendwelche gesundheitlichen Einschränkungen?
✱ ...
13 ❍ ... und Sie suchen eine Stelle als ...?
✱ ...
14 ❍ ...
✱ ...

Lesetext

Hören 90

Die andere Seite: Ein Arbeitsvermittler berichtet über seinen Job

Zuerst selbst arbeitslos, dann Arbeitslose betreuen? Ein Arbeitsvermittler berichtet anonym, was ihm an seinem Beruf schwerfällt. Er muss Jobsuchende „Kunden" nennen und trotzdem wie „Nummern" behandeln.

Mein typischer Arbeitstag beginnt um acht Uhr morgens. Ich schalte meinen Computer an und gieße meine kleine Topfpflanze. Diese Pflanze ist von meiner Kollegin, ein Geschenk zum Einstand. Ich habe sonst keinen persönlichen Gegenstand in meinem grauen Amtszimmer. Ich bin 26 Jahre alt.

Schon früh kommen die ersten Arbeitslosen. Wir nennen sie „Kunden". Ich mag den Kontakt mit ihnen. Aber die Gespräche sind sehr anstrengend und belastend. Manche Menschen sperren sich gegen die Arbeitsvermittlung. Zum anderen muss ich sie oft in schlecht bezahlte Fließband- oder andere langweilige Jobs drängen.

Der Job als Arbeitsvermittler kann sehr deprimierend sein. Aber ich erlebe auch schöne Dinge. Da kommt ein schüchterner Mann zu mir ins Büro. Er kommt aus dem Gefängnis. Sein Vergehen: Drogenbesitz. Er hat außer seinen Kleidern am Leib gar nichts und braucht ganz schnell einen Job. Er möchte nicht wieder ins Drogenmilieu abrutschen. Ich organisiere für ihn eine Umschulung. Nun ist er auf Montage und verdient richtig gut Geld. Nach einem Monat ruft er mich an und sagt: „Ich möchte mich bei Ihnen herzlich bedanken. Sie retten mein Leben!"

Dann freue ich mich sehr über einen Tiefbau-Facharbeiter. Er kommt zu mir und sagt: „Ich habe kaputte Knochen. Ich kann nicht mehr im Tiefbau arbeiten. Mein Chef sagt: „Setze den Mann in irgendein Callcenter." Aber der Mann hat einen Traum. Er möchte Theaterkurse für Kinder geben. Ich helfe ihm dabei und gebe ihm Zeit. Er baut ein eigenes Theaterprojekt auf und schafft es tatsächlich.

Das sind die schönen Momente in meinem Job. Aber sie sind selten.

Sehr stört mich an meiner Arbeit die sogenannte „Vermittlungsquote". Ich muss möglichst viele Menschen in Arbeit vermitteln. Die Quote muss stimmen, egal wie die Arbeit aussieht, die diese Menschen machen müssen.

Allerdings gibt es auch frustrierende Kunden. Manche Menschen wollen einfach ihre Situation nicht verbessern und machen nichts. Sie respektieren mich nicht und fordern trotzdem viele Sonderleistungen von mir. Solchen Kunden möchte ich gerne sagen: „Antrag abgelehnt. Raus aus meinem Büro!" Natürlich sage ich das nicht und bleibe freundlich.

Vielleicht bin ich zu sensibel für diesen Job. Manche Fälle begleiten mich bis in den Schlaf. Ich denke dann nachts weiter über sie nach und kann nicht einschlafen. Aber mein Chef möchte mich gerne behalten und sagt: „Sie können wirklich gut mit unseren Kunden umgehen."

Deutsch-Test-für-Zuwanderer

Antwortbogen und Lösungsbogen im Übungsbuch (Lösungen Kapitel 5)

Textverstehen

2. Aufgabe Leseverstehen

Verstehen Sie den Bericht?
Was ist richtig und was ist falsch? Kreuzen Sie an.
Benutzen Sie dafür den Antwortbogen im Übungsbuch.
Er bereitet Sie auf den Abschlusstest für Zuwanderer vor.

		richtig	falsch
1	Ein Arbeitssuchender ist für diesen Arbeitsvermittler nur eine Nummer, kein Mensch.		
2	Er gießt morgens seinen Computer und schaltet seine Topfpflanze an.		
3	Er spricht gerne mit den Arbeitslosen, aber es macht ihn sehr müde.		
4	Er ist froh, wenn die Arbeitslosen irgendeinen Job haben, egal wie viel sie verdienen.		
5	Er hilft einem Mann, der gerade aus dem Gefängnis kommt, und vermittelt ihm eine Umschulung.		
6	Er vermittelt einen Tiefbau-Facharbeiter einen Job in einem Callcenter.		
7	Der Arbeitsvermittler mag seinen Job nicht mehr und gibt jetzt Theaterkurse für Kinder.		
8	Der Chef ist nur zufrieden, wenn der Arbeitsvermittler den Leuten Jobs gibt, mit denen die Leute sehr viel Geld verdienen.		
9	Wenn Arbeitssuchende respektlos sind, dann schmeißt der Arbeitsvermittler sie aus dem Büro und gibt ihnen keine Arbeit.		
10	Manche Menschen können nicht schlafen, weil dieser Arbeitsvermittler so böse ist.		

3. Aufgabe Freies Sprechen

Was sagt der Arbeitsvermittler über seinen Job. Erzählen Sie!

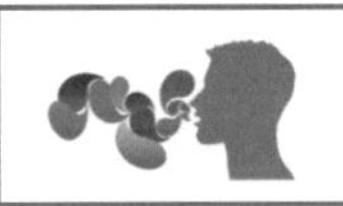

Sprechübung

Lesetext

Hören 91

Die schriftliche Bewerbung

Heute ist Samstag. Heute stehen wieder neue Anzeigen in den Tageszeitungen. Herr Jonosa kauft die regionale Tageszeitung, also die Neue Osnabrücker Zeitung, und drei überregionale Tageszeitungen, die „Frankfurter Allgemeine Zeitung", „Die Zeit" und die „Süddeutsche Zeitung". Am Samstag findet er immer interessante Stellenanzeigen.

Er trifft sich zu Hause bei Herrn Moreno. Herr Moreno hat einen Laptop und einen Drucker. Heute wollen sie gemeinsam Bewerbungen schreiben.

Herr Moreno: „Guten Morgen, Herr Jonosa. Kommen Sie herein, wir frühstücken noch. Wollen Sie einen Kaffee?"

Herr Jonosa: „Guten Morgen. Ja, gerne. Ich bringe die Zeitungen von heute mit. Wir können die Stellenanzeigen durchsuchen. Vielleicht finden wir eine interessante Tätigkeit?"

Herr Moreno: „Das ist eine gute Idee. Wir können auch unseren Lebenslauf schreiben. Ich habe den Lebenslauf von Frau Hoffmann. Sie möchte uns helfen."

Herr Jonosa: „Das ist ja sehr nett von ihr."

Herr Moreno: „Da ist auch ein Passfoto auf dem Lebenslauf. Das müssen wir auch machen."

Herr Jonosa: „Ja, das ist ein sogenannter tabellarischer Lebenslauf. Wir müssen links das Datum schreiben und rechts den Text."

Gemeinsam schauen sie sich den Lebenslauf von Frau Hoffmann an:

Hören 92

Lebenslauf

Persönliche Daten:

Name:	Elsa Hoffmann
geboren am:	05.06.1992
in:	Nikolsk, Baschkirien.
Familienstand:	verheiratet, 5 Kinder.
Staatsangehörigkeit:	deutsch

Schulbesuch:

1996-2000	Grundschule in Nikolsk
2000-2008	Mittelschule in Nikolsk

Berufsausbildung:

01.09.2009-30.06.2012	Jumatowsker Fachmittelschule Ausbildung zur Buchhalterin. Abschluss Diplom-Buchhalterin

Berufliche Tätigkeit:

01.08.2012-31.08.2015	Buchhalterin in der Viktorowkaer Brigade.
27.09.2015	Einreise in die Bundesrepublik Deutschland.

Fortbildung:

01.01.2016-31.07.2016	Besuch eines sechsmonatigen Sprachkurses für Zuwanderer
01.08.2016-31.12.2016	Besuch eines Schreibmaschinenkurses und eines Englischkurses bei der Volkshochschule Osnabrück.
01.10.2016-01.10.2017	Besuch eines Kurses zur Marketing-Assistentin bei der „Akademie für Fortbildung und Umschulung in der Wirtschaft“, Osnabrück.

Osnabrück, den 01.11.2017

Elsa Hoffmann

Lesetext

Hören 93

Herr Moreno:
In Frau Hoffmanns Bewerbungsmappe befindet sich außerdem eine Kopie ihres Schulzeugnisses und Arbeitszeugnisse. Das sind natürlich alles gute Übersetzungen von einem staatlich anerkannten Übersetzer. Auch unsere Lehrerin findet keine Rechtschreib- und Grammatikfehler mehr. Außerdem hat sie eine Kopie ihrer Berufsanerkennung als Buchhalterin.

Herr Jonosa:
Ja, diese Unterlagen habe ich auch schon in einer Mappe. Herr Jonosa zeigt Herrn Moreno die Übersetzungen seiner Zeugnisse und die Berufsanerkennung als Arzt. Jetzt muss ich nur noch eine gute Stelle finden. Ich möchte gerne in Osnabrück bleiben. Wir haben eine schöne Wohnung.

Herr Moreno: Akademiker müssen oft in der ganzen Bundesrepublik suchen.

Herr Jonosa: Ich weiß.

Herr Moreno: Wenn ich in der Zeitung keine interessante Stelle finde, dann schreibe ich eine Blindbewerbung.

Herr Jonosa: Wie geht das denn?

Herr Moreno: Man sucht im Internet nach Adressen von Firmen und bewirbt sich dann dort. Die Firmen haben kein Stellenangebot, aber vielleicht interessieren sie sich später einmal für Sie.

Herr Jonosa: Das ist eine gute Idee. Ich schreibe an die Osnabrücker Krankenhäuser. Was brauchen wir noch?

Herr Moreno: Wir brauchen ein gutes Anschreiben, einen Brief. Wir müssen schreiben, warum wir uns bewerben und warum wir für diese Stelle geeignet sind. Ich habe da was von Frau Hoffmann:

Hören 94

Elsa Hoffmann
Amselweg 7
49074 Osnabrück
Tel.: 054541 - 90 34 22
e-Mail: elsa. hoffmann@osnamail.de

Osnabrück, den 01.11.2017

An die
Firma Wäscheweiß
Frau Emma Gleich
Sommerstr. 77
49077 Kattenvenne

Ihre Stellenanzeige aus der Neuen Osnabrücker Zeitung vom 01.11.2017.

Sehr geehrte Frau Gleich,

um die Stelle als Bürohilfe möchte ich mich gerne bei Ihnen bewerben.

Ich bin seit zwei Jahren in Deutschland. Ich komme aus Baschkirien.
Von Beruf bin ich Buchhalterin. In Baschkirien habe ich in einer Sowchose gearbeitet. Dort habe ich die Buchführung für die 106 Arbeiter und die 42 Rentner gemacht. Ich war für die Berechnung des Arbeitslohns zuständig und habe die Lohnbuchhaltung gemacht. Außerdem habe ich die Arbeiter bei Erklärungen und Anträgen beraten. Ich habe die Selbstkostenanalyse für die landwirtschaftliche Produktion und die Jahresbilanz am Jahresende erstellt.

Sicher war meine Arbeit in Baschkirien ganz anders. Aber ich habe jetzt einen Deutschkurs, einen Schreibmaschinenkurs, einen Englischkurs und eine Ausbildung zur Marketing Assistentin gemacht. Ich denke deshalb, dass ich mich in meine neue Aufgabe schnell einarbeiten kann.

Auf ein persönliches Gespräch freue ich mich sehr.

Mit freundlichen Grüßen,

Elsa Hoffmann

Anlagen

Textverstehen

Deutsch-Test-für-Zuwanderer

Antwortbogen und Lösungsbogen im Übungsbuch (Lösungen Kapitel 5)

1. Aufgabe

Kreuzen Sie die richtige Antwort an.
Benutzen Sie dafür den Antwortbogen im Übungsbuch.
Er bereitet Sie auf den Abschlusstest für Zuwanderer vor.

1. Überregionale Zeitungen sind ...
Zeitungen, die man nur am Samstag kaufen kann. a
Zeitungen, die sich an Leser in ganz Deutschland richten. b
Zeitungen, die es nur in der eigenen Stadt gibt. c

2. Ein tabellarischer Lebenslauf ist ...
zu kurz. Der Arbeitgeber möchte mehr wissen. a
genau richtig. Er ist übersichtlich und genau genug. b
nur für Aushilfstätigkeiten geeignet. c

3. Für eine Bewerbung brauche ich ...
ein Passfoto, am besten eines vom Fotografen. a
kein Foto. b
ein Foto. Es geht auch ein schönes Familienfoto. c

4. Die Zeugnisse...
müssen in der Originalsprache sein. a
müssen von einem amtlich beglaubigten Übersetzer sein. b
brauchen Sie nicht. c

5. Die Anerkennung Ihres Berufs
brauchen sie nicht. a
brauchen sie. b
gibt es nicht. c

2. Aufgabe

Was stecken Sie in Ihre Bewerbungsmappe?
Schreiben Sie eine vollständige Liste auf.

Zusatzmaterial: Hören

Hördateien zum Zusatzmaterial:
https://lehrermarktplatz.de/material/160989/audiodateien-lehrerbegegleitbuch-ankommen

Hördateien zu Kapitel 1

HA1

Hören 1: Kennenlernen

Im Zug

1. Wie heißt sie? Sie heißt ....
2. Wie heißt er? Er heißt ....
3. Woher kommt er? Er kommt aus ....
4. Woher kommt sie? Sie kommt aus ....
5. Wie heißt ihr Mann? Er heißt ....

6. Haben Herr und Frau Kunze Kinder? Ja, sie ....
7. Wie alt ist Max? Max ....
8. Wer geht in den Kindergarten? ....
9. Wie alt ist Lena? .... fünf ....
10. Wie alt ist Jana? .... neun ....

11. Wie alt ist Nina? ....
12. Wer geht in die Schule? ....
13. Was ist Herr Krause von Beruf? Herr Krause .... Krankenpfleger.
14. Was ist Herr Kunze von Beruf? Herr Kunze.. .

HA2

Hören 2: Auf der Straße

Auf der Straße

1. Frau Krause: Hallo Frau Kunze. .... geht's ?

2. Frau Kunze: Danke, ...und wie .... es Ihnen?

3. Frau Krause: ....

4. Frau Kunze: Das ist meine ....

5. Frau Krause: Hallo, ... dir?.....................................
.... du aus dem Kindergarten?

6. Lena: Ja. Mama ....ich ein Eis?

7. Frau Kunze: Ja, du .... ein Eis.

8. Lena: Au ja! ....!

9. Frau Krause: Einen .... noch.

10. Frau Kunze: Danke, ...

HA 3/4

Hören 3: Am Postschalter / Die Auskunft

Am Postschalter

Ergänzen Sie die Zahlen.

1. Postleitzahl von Ortkrug ____________________

2. Wie viele Briefmarken möchte Frau Krause? ____________________

Die Auskunft

Was sagt die Durchsage? Ergänzen Sie.

____ Auskunft.

____ beschäftigt.

____ Geduld.

Beantworten Sie die Fragen.

1. Auf welchem Platz sitzt die Dame von der Auskunft?

....

2. Wie heißt die Familie in Stuttgart?

....

3. Wie lautet die Telefonnummer?

______________________________ Vorwahl: ____________________

Hördateien zu Kapitel 2

HA 5-8

Hören 5-8 Auf dem Markt

Auf dem Markt

**Sehen Sie sich die Bilder im Lehrbuch Kapitel 2.1 genau an.
Ordnen Sie die Bilder den Gesprächen zu.**

Gespräch 1 Bild: ______

Sie kaufen ________________

Das kostet: ________________

Gespräch 2 Bild: ______

Sie kaufen ________________

Das kostet: ________________

Gespräch 3 Bild: ______

Sie kaufen ________________

Das kostet: ________________

Gespräch 4 Bild: ______

Sie kaufen ________________

Das kostet: ________________

Hören Sie noch einmal die Gespräche.
Was wünschen die Verkäufer und Verkäuferinnen?

1. Auf Wiedersehen und ein schönes Wochenende. Gespräch ___________
2. Auf Wiedersehen Gespräch ___________
3. Einen schönen Feierabend noch. Gespräch ___________
4. ... und schöne Feiertage Gespräch ___________

Im Restaurant

Gespräch A

Aufgabe 1: Ergänzen Sie den fehlenden Artikel im Akkusativ:

Herr Krause: Herr Ober, ________ Speisekarte bitte.

Der Ober: Bitteschön... Was möchten Sie trinken?

Frau Krause: ______ Mineralwasser bitte.

Herr Krause: ________ Orangensaft, bitte... Nehmen wir _______ Vorspeise?

_________ Suppe oder _________ Salat?

Frau Krause: Ich esse gerne ________ Salat. Ich nehme ________ Tomatensalat.

Herr Krause: Ich nehme ________ Gemüsesuppe. Was nehmen wir als Hauptspeise?

Frau Krause: Ich möchte Spagghetti mit Hackfleisch.

Herr Krause: Spagghetti Bolognese?

Frau Krause: Ja, genau. Und was nimmst du?

Herr Krause: Ich nehme __________ Pizza mit Meeresfrüchten.

Gespräch B

Aufgabe 2: Beantworten Sie die Fragen.

1. Wie viel kostet das Essen? (Schreiben Sie die Zahlen in Buchstaben)

____

2. Wie viel Euro gibt Herr Krause dem Ober? (Schreiben Sie die Zahlen in Buchstaben)

____

3. Was wünscht der Ober den Krauses?

____

Hördateien zu Kapitel 3

HA 11/12

Hören 11/12 Auf dem Automarkt

Auf dem Automarkt

Aufgabe 1
Hören Sie das Gespräch, vergleichen Sie die beiden Autos und tragen Sie die Daten ein.

	Wie alt ist das Auto?	Wie viel km sind auf dem Tacho?	Hat das Auto TÜV? Wie lange?	Wie kostet das Auto?
Gespräch A				
Gespräch B				

Aufgabe 2

Wie gut ist der Opel?

Kreuzen Sie an: **Beschreiben Sie:**

	gut	schlecht	
1. Reifen			______________________
2. Motorraum			______________________
3. Kupplung			______________________
4. Lenkung			______________________
5. Motorgeräusch			______________________

HA 13-15 **Hören 13-15 In der Verbraucherzentrale**

In der Verbraucherzentrale

Aufgabe 1 Gespräch A

a. Hier sind die Sätze durcheinandergeraten.
Finden Sie die richtige Reihenfolge und nummerieren Sie die Sätze.

b. Hören Sie dann das Gespräch noch einmal. Schreiben Sie auf, wer welche Sätze spricht:
Frau Kunze, die Sekretärin, Herr Bauer.

	a	b
Guten Tag, Kunze ist mein Name.		
Guten Tag, Bauer, mein Name.		
Guten Tag, bin ich hier richtig in der Verbraucherzentrale?	1	Frau Kunze
Setzen Sie sich, bitte.		
Ja, ich möchte mich über Versicherungen informieren.		
Ja, Sie sind richtig. Brauchen Sie ein Beratungsgespräch?		
Danke schön.		
Sprechen Sie mit Herrn Bauer. Er hat gerade Zeit. Kommen Sie mit.		

Aufgabe 2 Gespräch B

a. Welche Versicherungen braucht Frau Kunze?
Kreuzen Sie an.

1 Unfallversicherung ❑
2 Hausratversicherung ❑
3 Kapital-Lebensversicherung ❑
4 Krankenversicherung ❑
5 Haftpflichtversicherung ❑

b. Was bezahlt die private Haftpflichtversicherung?
Kreuzen Sie an. Nur eine Antwort ist richtig.

1 Sie bezahlt bei einem Autounfall. ❑
2 Sie bezahlt, wenn man die Miete nicht mehr bezahlen kann. ❑
3 Sie bezahlt, wenn man bei anderen Leuten etwas kaputt macht. ❑

c. Was erfährt Frau Kunze aus der Zeitschrift?
Kreuzen Sie an. Nur eine Antwort ist richtig.

1 Sie erfährt, welche Versicherungen am besten sind. ❑
2 Sie erfährt nur etwas über Lebensversicherungen. ❑
3 Sie erfährt, wo sie die beste Verbraucherzentrale findet. ❑

Hördateien zu Kapitel 4

HA 16-18

Hören 16-18 Wohnungssuche

Wohnungssuche

Gespräch A und B
Was sagt Herr Krause? Ergänzen Sie die fehlenden Wörter.

1. Eine ____________________ bitte.

2. Guten Tag, hier spricht Krause.

Ich rufe ____an.

Ich interessiere ____ in Melle.

3. _________________________________, aber da kann man nichts machen. Vielen Dank. Auf Wiederhören.

Schauen Sie sich im Lehrbuch noch einmal die Wohnungsanzeigen auf Seite 90 an.
Auf welche Wohnungsanzeige ruft Herr Krause an?

Gespräch C
Was sagt Herr Krause? Ergänzen Sie die fehlenden Wörter.

1. Ich rufe ____ an.

Ich _________________________________ sehr ________ die Wohnung in Osterkappeln.

Ist ____ ?

2. Ach, _______________________________, aber ich möchte mir die beiden Wohnungen sehr gerne __________________________ .

3. Ja, ab __________________ .

4. Das finde ich schon. Ich ____ nach.

Schauen Sie sich im Lehrbuch noch einmal die Wohnungsanzeigen in Kapitel 4.1. an.
Auf welche Wohnungsanzeige ruft Herr Krause jetzt an?

Beim Einwohnermeldeamt

Füllen Sie dieses Formular für Herrn Krause aus:

Meldebescheinigung der Gemeinde Osterkappeln

____________________ ____________________
Name Vorname

____
Geburtsdatum

____
Geburtsort

____
Staatsangehörigkeit

Adresse:

____

____

Zweitwohnung?	ja ❑	nein ❑
Im Haushalt lebende Familienangehörige?	ja ❑	nein ❑

Hördateien zu Kapitel 5

HA 20/21

Hören 20/21 Wo oder Wohin?

Frau Krause sucht das Jobcenter

Gespräch A

Was sagt Passant A? Ergänzen Sie die fehlenden Wörter.

Gehen Sie hier ______________________ Innenstadt ______________________ Theodor-Heuss-Platz, überqueren Sie den Goethering und gehen Sie geradeaus ______________________ Heinrich Heine Straße. Gehen Sie geradeaus bis Sie an eine Kreuzung kommen. Gehen Sie dann weiter durch die Johannisfreiheit ______________________ Ende der Straße. Dann gehen Sie ______________________ in die Johannisstraße.

Gespräch B

Was sagt Passant B? Ergänzen Sie die fehlenden Wörter.

Gehen Sie ______________________ die Johannisstraße weiter, dann ______________________ in die Goldstraße, ______________________ in die Kommenderiestraße und noch einmal ______________________ in die Wiesenstraße und dann ______________________ in den Johannistorwall.

1. Suchen Sie den Weg im Stadtplan, den Frau Krause vom Bahnhof zum Jobcenter geht.

2. Dieser Weg ist viel zu kompliziert. Suchen Sie für Frau Krause einen einfachen Weg zum Jobcenter auf dem Stadtplan.

HA 22

Hören 22 Im Jobcenter

Der Arbeitsvermittler erstellt im Computer für Frau Kunze ein Profil.
Füllen Sie es für ihn aus:

Jobcenter Dresden

Stellengesuch

____

____

Name: Vorname:

geboren am: ______________________

Familienstand: ______________________

Staatsangehörigkeit: ______________________

Adresse:

____

Straße Hausnr.

____

Postleitzahl Wohnort

Telefon: ______________________

Beruf: ______________________

sucht Teilzeitstelle ❐
Vollzeitstelle ❐

als ______________________

Führerschein? ja ❐
nein ❐

Auto? ja ❐
nein ❐

Gesundheitliche Einschränkungen ja ❐
nein ❐

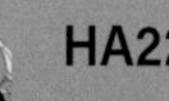

HA22

Hören 22 - Ein Gespräch mit einem Arbeitsvermittler
Antwortbogen im Format des DTZ

Deutsch-Test-für-Zuwanderer
Muster-Modellsatz

1. Was muss Frau Kunze ausfüllen?

   a einen Antrag auf Arbeitsvermittlung
   b einen Antrag auf Arbeitslosengeld
   c Sie muss keinen Antrag ausfüllen, das macht das Jobcenter für sie.

2. Frau Kunze braucht ein Bewerberprofil im Internet.

   Richtig Falsch

3. Was muss Frau Kunze beim nächsten Mal mitbringen?

   a Sie muss ihren früheren Arbeitgeber mitbringen.
   b Lohnsteuerkarte und Sozialversicherungsausweis.
   c Eine Arbeitsgenehmigung.

4. Frau Kunze hat kein Auto und keinen Führerschein.

   Richtig Falsch

5. Wer berät Frau Kunze wann und wo?

   a Herr Oberhuber am Montag um 9.30 Uhr in ZImmer 107.
   b Niemand. Sie weiß alles.
   c Jeden Montag um 9.30 Uhr bei Herrn Oberhuber in ZImmer 107

6. Frau Kunze ist Deutsche. Sie braucht keine Arbeitsgenehmigung.

   Richtig Falsch

HA22 Hören 22 - Ein Gespräch mit einem Arbeitsvermittler
Lösungsbogen im Format des DTZ

Deutsch-Test-für Zuwanderer
Muster-Modellsatz

1. Was muss Frau Kunze ausfüllen?
   - [ ] a einen Antrag auf Arbeitsvermittlung
   - [X] b einen Antrag auf Arbeitslosengeld
   - [ ] c Sie muss keinen Antrag ausfüllen, das macht das Jobcenter für sie.

2. Frau Kunze braucht ein Bewerberprofil im Internet. [X] Richtig [ ] Falsch

3. Was muss Frau Kunze beim nächsten Mal mitbringen?
   - [ ] a Sie muss ihren früheren Arbeitgeber mitbringen.
   - [X] b Lohnsteuerkarte und Sozialversicherungsausweis.
   - [ ] c Eine Arbeitsgenehmigung.

4. Frau Kunze hat kein Auto und keinen Führerschein. [ ] Richtig [X] Falsch

5. Wer berät Frau Kunze wann und wo?
   - [X] a Herr Oberhuber am Montag um 9.30 Uhr in ZImmer 107.
   - [ ] b Niemand. Sie weiß alles.
   - [ ] c Jeden Montag um 9.30 Uhr bei Herrn Oberhuber in ZImmer 107

6. Frau Kunze ist Deutsche. Sie braucht keine Arbeitsgenehmigung. [X] Richtig [ ] Falsch

Bildquellen

Rainer Otte hat die Fotos zu diesem Buch und für die Umschlaggestaltung gemacht.
Umschlag-Layout: Arthur Otte.
Das Layout des Buches ist von der Autorin.

Folgende Fotos, Grafiken, Zeichnungen und Collagen sind Übernahmen anderer aus der Sammlung www.pixabay.com. - Die Autorin hat alle Fotografinnen und Fotografen und alle Grafikerinnen und Grafiker persönlich angeschrieben und um ihre Genehmigung gebeten. Ich danke den Künstlerinnen und Künstlern für Ihre kostenfreie Genehmigung der Veröffentlichung ihrer Bilder in diesem Kontext! Sie werden im folgenden so benannt, wie sie es auf der Plattform angeben, einige auch mit vollem Namen, andere nur mit ihrem Künstlernamen. Sollte ich irgendjemanden vergessen haben, bitte ich um Nachsicht. Es würde sofort geändert oder ergänzt werden im Print on Demand.

Seite 25 oben, Zauberhut: Open-Clipart-Vectors
Mann unten links: Clker-Free-Vector-Images
Mikrofon unten rechts: mohamed_hassan
Seite 27 Rahmen: Open-Clipart-Vectors
Portrait muslim. Frau: Ewey
Seite 34 Frau im Callcenter Collage: geralt/Gerd Altmann
Fotografie: PourquoiPas/Martine
Seite 35 Smartphones geralt/Gerd Altmann
Seite 40 oben, Party Free-Photos
unten, Kerze congerdesign
Seite 41 oben, Buffet congerdesign
unten, gedeckter Tisch monsterkoi
Mitte, Zeichnung Clker-Free-Vector-Images
Seite 42 unten: Brunch LUM3N
Seite 43 oben: Salate, Dips stokpic
Mitte, Partygäste Open-Clipart-Vectors
Seite 44 oben, Waage domeckopol/Andreas N
links, Waage falco
rechts, Gewichte Momentmal/Bernd
Seite 45 unten, Einkaufswagen Open-Clipart-Vectors
Seite 47 unten, Münzen BruNo
Seite 53 Silhouette links unten (B) AnnaliseArt/Annalise Battista
Junge liest (A) Clker-Free-Vector-Images
Junge spielt Fußball (C) Open-Clipart-Vectors
Bäckerin (D) Open-Clipart-Vectors
Hundespaziergänger (E) creozavr
Seite 60 rechts unten: Macbook marcio
Seite 62 oben: Kreditkarten stecepb/Steve Buissinne
Seite 76 Mitte: Autotacho andychoinski/Andy Choinsky
Seite 78 Mitte: Unfallwagen Hans / Hans Braxmeier
Seite 80 Bild 14: tanken beejee/Bernd Schray
Bild 15: Vertrag Free-Photos
Seite 82 Bild 3: Ipad shopping fancycrave1
Seite 86 Bild 1: Brot schneiden congerdesign
Bild 2: Frühstück ejangsburg
Bild 3: schlafendes Kind ddimitrova/Daniela Dimitrova
Bild 4: Zähne putzen jennyfriedrichs/Jenny Friedrichs
Bild 5: Pausenbrot Leo-65 / Barbara Gollan
Seite 87 Bild 6: Pizza backen congerdesign
Bild 7: Hausaufgaben KlimkinSeite 87 Bild 9: Wäscheleine mpkino/Michael Püngel
Bild 10: Bügeleisen Ollebolle123
Seite 88 Bild 11: Kind im Wald LudmilaKot/ Ludmila Kot
Seite 89 Bild 12: Fußballspielen bottomlagercz0/Cestina
Bild 13: Klavier spielen allegralouise
Bild 14: Gitarre spielen Pexels

Seite 99 Zeichnung	Tumisu
Seite 100 Schlüsselbund	Markus53/Markus Baumeier
Seite 100 Autoschlüssel	Markus53/Markus Baumeier
Seite 102 Bild 5: Hochhaus	weareaway/ https://www.instagram.com/svensenho/ https://svensenho.myportfolio.com/
Bild 6: Einfamilienhaus	Peggy_Marco/ Peggy und Marco Lachmann-Anke
Seite 112 1. Reihe links	Free-Photos
1. Reihe rechts	GustavoWandalen/Gustavo Wandalen Corrêa
2. Reihe links	Nastya_gepp/Anastasia Gepp
2. Reihe rechts	Free-Photos
3. Reihe links	TheHilaryClark/Hilary Clark
3. Reihe rechts	Nastya_gepp/Anastasia Gepp
4. Reihe links	Pexels
4. Reihe rechts	Pexels
Seite 116 Flur	ales_kartal/Ales Kartal
Seite 118 Kinderzimmer	ErikaWittlieb/ Erika Wittlieb
Seite 120 oben: Vertrag	delphinmedia/Jens P. Raak
Seite 120 unten: Schlüssel	geralt/Gerd Altmann
Seite 121 Zeichnungen oben	Clker-Free-Vector-Images
Zeichnung links unten	BilliTheCat/ Nina Garman
Zeichnung unten links	mohamed_hassan
Seite 129 Luftballons	reviewestate/Faeez Chaus
Seite 130 Afrikanisches Büffet	EleganceNairobi/Elegance Nairobi
Seite 147 Silouette: Beratung	mohamed_hassan
Seite 148 Collage: Jobs	geralt/Gerd Altmann
Seite 150 Headhunter	Clker-Free-Vector-Images

Besonderen Dank den Pixabay-Bildautoren, deren Zeichnungen ich für meine Icons nutzen durfte!

Hören	Clker-Free-Vector-Images
Sprechübung	geralt/Gerd Altmann
Dialog	Clker-Free-Vector-Images
Sich befragen	mohamed_hassan
Lesetext	Clker-Free-Vector-Images
Textverstehen	DavidRockDesign/David
Freies Gespräch	ricinator/Riccarda Mölck
Rollenspiel	pjetotudoaver0
Spielen	Clker-Free-Vector-Images
Ausstellen	Open-Clipart-Vectors
Präsentieren	geralt/Gerd Altmann
Schreiben	janjf93/Jan
Teamarbeit	Open-Clipart-Vectors
Internet	Clker-Free-Vector-Images

S. 83/84: Wir danken dem Uhrenmuseum Bad Iburg für die freundliche Genehmigung, Ihre schönen alten Uhren fotografieren zu dürfen.

Textquellen

S. 150/151 Sprachlich vereinfacht umgeschrieben nach: „Karl Marx würde ausrasten", von Dmitiri Kapitelman, Spiegel Online: Job und Karriere, 20.03.2015. (https://www.spiegel.de/karriere/jobcenter-arbeitsvermittler-erzaehlt-von-seinem-beruf-a-1018130.html). Mit freundlicher Genehmigung des Autors.